SE 07

Curso

*La diferencia entre aprobar
y sacar plaza*

Administrativo/a

SERVICIO MURCIANO DE SALUD

Si aún no dispones de tu **Curso MAD360**, te ofrecemos un acceso GRATIS de 30 días para que disfrutes de los siguientes recursos:

- Técnicas de Memoria 360.
- MADTEST: Test *online* Nivel PRO.
- Temario en formato digital.
- Vídeos.
- Esquemas.
- Planificación de estudio.
- Foro entre opositores hasta la fecha del examen.*
- Recursos y novedades exclusivas.
- Consúltanos sobre tu oposición y proceso selectivo.
- Actualizaciones legislativas (Boletines Oficiales) hasta 60 días antes de la fecha del examen.*

Para acceder a esta prueba del Curso MAD360** será necesaria la compra de todos los libros para esta especialidad de la edición 2026.

Regístrate en **mad.es/iniciar-sesion** y en la pestaña MIS CURSOS valida los códigos que encuentras en la última página de tus libros.

NOTA IMPORTANTE:

* Examen de esta categoría profesional correspondiente a la convocatoria publicada en el BORM núm. 290, de 17 de diciembre de 2025, o hasta el 28 de febrero de 2027, lo que se cumpla antes, y previa renovación del servicio.

** El acceso al CURSO MAD360 estará disponible desde febrero de 2026 (algunos recursos podrían estar disponibles en fecha posterior). Tendrá una duración de 30 días RENOVABLES mediante pago, desde la validación de códigos, o hasta el 31 de agosto de 2027, lo que se cumpla antes.

MAD se reserva el derecho a ampliar dichas fechas.

Administrativo/a del Servicio Murciano de Salud

Marzo 2026

0249-01X-0-0-0326

Administrativo/a del Servicio Murciano de Salud

Test del temario

JOSÉ LUIS GARRIDO VELA
Licenciado en Derecho

MARÍA JOSÉ ASQUERINO LAMPARERO
Profesora Permanente Laboral

PATRICIA PÉREZ SÁNCHEZ-ROMATE
Licenciada en Derecho

SERGIO JIMENO MOLINS
Ingeniero Superior en Telecomunicaciones
Profesor de Educación Secundaria Obligatoria y Bachillerato

CARLOS TOJEIRO ALCALÁ
Ingeniero Informático
Titulado MCP de Microsoft

© 7 Editores Recursos para la Cualificación Profesional y el Empleo, S.L. (7 Editores)
© Los autores
Primera edición, marzo 2026 (256 páginas)
Derechos de edición reservados a favor de 7 Editores
IMPRESO EN ESPAÑA
Diseño Portada: 7 Editores
Edita: 7 Editores
Avda. San Francisco Javier, 9 · Edificio Sevilla 2 · Planta 11 · Módulos 25-27 · 41018 Sevilla
Teléfono: 954 784 411 · WEB: www.mad.es · e-mail: administracion@7editores.com
ISBN: 979-13-702-8458-9
© "Editorial Mad" y "Eduforma" son nombres comerciales registrados de
7 Editores Recursos para la Cualificación Profesional y el Empleo, S.L.

Queda rigurosamente prohibida la reproducción total o parcial de esta obra por cualquier medio
o procedimiento sin la autorización por escrito del editor.

Índice

PARTE GENERAL

Test n.º 1. La Constitución Española. Derechos y deberes fundamentales. La protección de la salud en la Constitución. Las Cortes Generales. El Gobierno y la Administración. La organización territorial del Estado. El Tribunal Constitucional.. 13

Test n.º 2. El Estatuto de Autonomía de la Región de Murcia: órganos institucionales. Régimen Jurídico. La reforma del Estatuto: procedimiento......... 19

Test n.º 3. Ley 6/2004, de 28 de diciembre, del Estatuto del Presidente y del Consejo de Gobierno de la Región de Murcia. El Presidente: cometido y atribuciones. El vicepresidente. El Consejo de Gobierno: naturaleza, composición y atribuciones. Los Consejeros: cometido y atribuciones..... 25

Test n.º 4. La protección de datos personales: condiciones para el consentimiento en el Reglamento (UE) 2016/679. Ley Orgánica 3/2018, de 5 de diciembre, de Protección de Datos Personales y de garantía de los derechos digitales: disposiciones generales; principios de la protección de datos; derechos de las personas. Delegado de Protección de Datos. Autoridades autonómicas de protección de datos. Ley 12/2014, de 16 de diciembre, de Transparencia y Participación Ciudadana de la Comunidad Autónoma de la Región de Murcia: objeto, finalidad y definiciones........... 33

Test n.º 5. Ley 31/1995, de 8 de noviembre, de Prevención de Riesgos Laborales: objeto, ámbito de aplicación y definiciones. Derechos y obligaciones. Servicios de prevención: concepto y funciones. Consulta y participación de los trabajadores. Conceptos básicos sobre riesgos laborales: definición de Seguridad en el Trabajo, Higiene Industrial, Ergonomía y Psicosociología... 41

Test n.º 6. El principio de igualdad y la tutela contra la discriminación en la Ley Orgánica 3/2007, de 22 de marzo. Planes de igualdad: concepto y contenido. El acoso por razón de sexo en el trabajo en la Ley 7/2007, de 4 de abril 49

Test n.º 7. La comunicación en la organización: interpersonal, descendente, ascendente y horizontal. Flujos y barreras de comunicación en las organizaciones. La organización y la cultura de la organización. Teorías sobre la motivación 57

PARTE ESPECÍFICA

Test n.º 8. La Ley 14/1986, de 25 de abril, General de Sanidad: la organización general del sistema sanitario público; los servicios de salud de las comunidades autónomas; las áreas de salud 65

Test n.º 9. La Ley 4/1994, de 26 de julio, de Salud de la Región de Murcia: planificación sanitaria; el mapa sanitario regional. El Servicio Murciano de Salud: órganos de dirección, participación y gestión 73

Test n.º 10. Ley 16/2003, de 28 de mayo, de cohesión y calidad del Sistema Nacional de Salud: disposiciones generales. Catálogo de prestaciones y cartera de servicios del Sistema Nacional de Salud. Garantía de las prestaciones............ 79

Test n.º 11. El Decreto 53/1989, de 1 de junio, por el que se aprueba el Reglamento General de funcionamiento de los Equipos de Atención Primaria de la Comunidad Autónoma de Murcia: funciones y organización del Equipo de Atención Primaria. Real Decreto 137/1984, de 11 de enero, sobre estructuras básicas de salud 87

Test n.º 12. El Reglamento de estructura, organización y funcionamiento de los hospitales aprobado por el Real Decreto 521/1987, de 15 de abril: disposiciones generales; estructura y órganos de dirección......................... 95

Test n.º 13. Ley 3/2009, de 11 de mayo, de los derechos y deberes de los usuarios del Sistema Sanitario de la Región de Murcia: derechos relacionados con la atención y asistencia sanitaria; derechos en relación a la intimidad y a la confidencialidad; derechos en materia de información y participación sanitaria; derechos relativos a la autonomía de la decisión; derechos en materia de documentación sanitaria; deberes 101

Test n.º 14. La Ley 5/2001, de 5 de diciembre, de personal estatutario del Servicio Murciano de Salud: órganos superiores de dirección y gestión del personal estatutario. Jornada de trabajo. Provisión de plazas 107

Test n.º 15. La Ley 55/2003, de 16 de diciembre, del Estatuto Marco del personal estatutario de los servicios de salud: Adquisición y pérdida de la condición de personal estatutario. Selección del personal estatutario. Promoción interna, movilidad y carrera profesional. Régimen retributivo. Derechos y deberes. Régimen disciplinario: faltas y sanciones..................... 115

Test n.º 16. Clasificación del personal estatutario, situaciones administrativas, permisos y licencias: Ley 5/2001, de 5 de diciembre, Ley 55/2003, de 16 de diciembre y Estatuto Básico del Empleado Público............................. 123

Test n.º 17. Régimen de incompatibilidades del personal estatutario del Servicio Murciano de Salud. Representación, participación y negociación colectiva de los empleados públicos 131

Test n.º 18. La Ley General de la Seguridad Social. Campo de aplicación y estructura del sistema de la Seguridad Social: disposiciones generales. Afiliación y cotización. Liquidación y recaudación: disposiciones generales. Acción protectora: disposiciones generales 139

Test n.º 19. Régimen General de la Seguridad Social: campo de aplicación. Cotización: disposiciones generales. Recaudación. Aspectos comunes de la acción protectora. Normas generales en materia de prestaciones 147

Test n.º 20. La Ley 39/2015, de 1 de octubre, del Procedimiento Administrativo Común de las Administraciones Públicas (I). La actividad de las Administraciones Públicas: normas generales de actuación; términos y plazos. Los actos administrativos 155

Test n.º 21. La Ley 39/2015, de 1 de octubre, del Procedimiento Administrativo Común de las Administraciones Públicas (II). Identificación y firma de los interesados en el procedimiento administrativo. El procedimiento administrativo común: iniciación, ordenación, instrucción y finalización. Revisión de los actos en vía administrativa 163

Test n.º 22. La Ley 40/2015, de 1 de octubre, de Régimen Jurídico del Sector Público. Disposiciones generales. Los órganos de las Administraciones Públicas. Principios de la potestad sancionadora. La responsabilidad patrimonial de las Administraciones Públicas. Funcionamiento electrónico del sector público... 171

Test n.º 23. La Ley 40/2015, de 1 de octubre, de Régimen Jurídico del Sector Público (II). Funcionamiento electrónico del sector público. El reglamento de actuación y funcionamiento del sector público por medios electrónicos: comunicaciones y notificaciones electrónicas; el expediente administrativo electrónico.. 179

Test n.º 24. Decreto Legislativo 1/1999, de 2 de diciembre, por el que aprueba el Texto Refundido de la Ley de Hacienda de la Región de Murcia (I). Principios generales. Concepto, elaboración y aprobación de los Presupuestos Generales de la Comunidad Autónoma 187

Test n.º 25. Decreto Legislativo 1/1999, de 2 de diciembre, por el que aprueba el Texto Refundido de la Ley de Hacienda de la Región de Murcia (II). Los créditos y sus modificaciones. Ejecución y liquidación de los Presupuestos Generales de la Comunidad Autónoma 195

Test n.º 26. Ley 9/2017, de 8 de noviembre, de Contratos del Sector Público (I). Objeto y ámbito de aplicación. Contratos del sector público: delimitación de los tipos contractuales; contratos sujetos a una regulación armonizada; contratos administrativos y contratos privados........................ 203

Test n.º 27. Ley 9/2017, de 8 de noviembre, de Contratos del Sector Público (II). Órgano de contratación. Expediente de contratación. Pliego de cláusulas administrativas y de prescripciones técnicas 209

Test n.º 28. Real Decreto 1619/2012, de 30 de noviembre, por el que se aprueba el Reglamento por el que se regulan las obligaciones de facturación. Obligación de documentación de las operaciones. Contenido de la factura. Medios de expedición. Factura electrónica 217

Test n.º 29. Procedimiento y operatoria contable a seguir en la ejecución de los gastos del Servicio Murciano de Salud: Instrucción 5/2014 de 1 de octubre. Funcionamiento de las Cajas Pagadoras Secundarias del Servicio Murciano de Salud: Instrucción 6/2013, de 17 de abril de 2013 225

Test n.º 30. Informática básica: conceptos fundamentales sobre el hardware y el software. Procesador de texto Word: dar formato, configuración de página y márgenes; combinar correspondencia. Hoja de cálculo Excel: conceptos básicos de tabla de Excel y hoja de cálculo; conceptos básicos de fórmula y nombre; informes de tablas dinámicas y de gráficos dinámicos. Correo electrónico: conceptos elementales y funcionamiento 231

Test n.º 31. Los documentos administrativos: Concepto, funciones y clases. Estilo administrativo en la redacción de documentos 237

Test n.º 32. Servicios de admisión y documentación clínica. El Servicio de Atención al Paciente: organización y funciones. Gestión de quejas y sugerencias.. 243

Test n.º 33. Gestión de almacenes y de existencias. Criterios de valoración. Cálculo de stocks. Identificación de productos y control de consumos. Determinación de las unidades de costo sanitario. Procedimientos. Estándares.. 249

TEST
PARTE GENERAL

La Constitución Española. Derechos y deberes fundamentales. La protección de la salud en la Constitución. Las Cortes Generales. El Gobierno y la Administración

1. ¿En qué se fundamenta la Constitución Española?

a) En un Estado social y democrático de Derecho.
b) En la indisoluble unidad de la Nación española.
c) En la independencia de los poderes del Estado.
d) En la organización territorial del Estado.

2. Según el artículo 3 de la CE, el castellano es la lengua oficial del Estado y todos los Españoles:

a) Tienen el deber de usar y el derecho de conocer el castellano.
b) Tienen el derecho y el deber de conocer el castellano.
c) Tienen el deber de conocer y el derecho de usar el castellano.
d) Tienen el derecho de conocer y usar el castellano.

3. La Constitución Española reconoce y garantiza el derecho a la autonomía:

a) De las nacionalidades que la integran.
b) De las regiones que la integran.
c) De las Comunidades Autónomas que la integran.
d) De las nacionalidades y regiones que la integran.

4. El Preámbulo de la Constitución:

a) Tiene en sí carácter de norma jurídica.
b) Es una declaración de intenciones, destinada a interpretar lo que se quiere alcanzar con el contenido normativo de la Constitución.
c) Se trata de un texto sin fuerza jurídica de obligar.
d) Las respuestas b) y c) son correctas.

5. Señala la afirmación correcta, respecto de la aprobación, ratificación y publicación de la Constitución Española:

a) Aprobada por las Cortes el 31 de octubre de 1978, ratificada por el pueblo en referéndum el 6 de diciembre de 1978 y publicada el 29 de diciembre de 1978.
b) Aprobada por las Cortes el 30 de octubre de 1978, ratificada por el pueblo en referéndum el 16 de diciembre de 1978 y publicada el 27 de diciembre de 1978.
c) Aprobada por las Cortes el 31 de octubre de 1978, ratificada por el pueblo en referéndum el 16 de diciembre de 1978 y publicada el 29 de diciembre de 1978.
d) Aprobada por las Cortes el 10 de octubre de 1978, ratificada por el pueblo en referéndum el 26 de diciembre de 1978 y publicada el 30 de diciembre de 1978.

6. ¿En qué parte de la Carta Magna se establece la exposición de motivos que impulsan la norma constitucional y los objetivos que con ella se pretenden alcanzar?

a) En el Título preliminar.
b) En el Preámbulo.
c) En el Título I.
d) En el Título II.

7. La Constitución Española fue sancionada por:

a) El Rey.
b) El Presidente del Congreso.
c) Las Cortes Generales.
d) El Presidente del Gobierno.

8. ¿Cuáles de los siguientes españoles de origen pueden ser privados de su nacionalidad?

a) Exclusivamente los miembros de grupos terroristas.
b) Los miembros de grupos terroristas y los que atenten contra el Rey u otro miembro de la Casa Real.
c) Los que atenten contra un miembro de la Familia Real o del Gobierno de la Nación.
d) Ningún español de origen podrá ser privado de su nacionalidad.

9. Según la CE son fundamentos del orden político y la paz social:

a) La dignidad de la persona, los derechos violables que les son inherentes y el respeto a la ley.
b) La dignidad de la persona, el desarrollo limitado de la personalidad y el respeto a la ley.
c) El respeto a la ley, a los reglamentos administrativos y demás disposiciones legales.
d) La dignidad de la persona, los derechos inviolables que le son inherentes, el libre desarrollo de su personalidad, el respeto a la ley y a los derechos de los demás.

10. ¿Cuál de los siguientes es considerado por la CE como uno de los valores superiores del ordenamiento jurídico?

a) La jerarquía normativa.
b) El pluralismo político.
c) La publicidad normativa.
d) La equidad.

11. La forma política del Estado español es:

a) Democracia parlamentaria.
b) Gobierno parlamentario.
c) Monarquía parlamentaria.
d) República democrática.

12. La parte de la CE que regula la estructura de los principales órganos del Estado recibe el nombre de:

a) Parte dogmática.
b) Parte orgánica.
c) Parte estatal.
d) Parte estructural.

13. Según la CE, la soberanía nacional:

a) Corresponde a las Cortes Generales, al estar compuestas por los representantes del pueblo.
b) Corresponde al Rey.
c) Reside en el pueblo español.
d) Corresponde al Gobierno de la Nación elegido directamente por el pueblo.

14. El derecho a la propiedad en nuestra Constitución es un Derecho:

a) Inherente a la condición humana.
b) Absoluto.
c) Limitado por la función social de la misma.
d) Ninguna de las respuestas anteriores es correcta.

15. ¿En qué parte de la Carta Magna se señalan los valores superiores del ordenamiento jurídico?

a) En el Preámbulo.
b) En el Título Preliminar.
c) En el Título I.
d) Ninguna respuesta es correcta.

16. ¿Cuál de las siguientes es una de las características de nuestra Constitución de 1978?

a) Consensuada.
b) Corta.
c) Conservadora.
d) Originalidad.

17. Son el fundamento del orden político y de la paz social:

a) El libre desarrollo de la personalidad.
b) Los derechos inviolables que les son inherentes.
c) El respeto a la ley y a los derechos de los demás.
d) Todas las respuestas son correctas.

18. ¿Qué quedará excluido de extradición?

a) Los delitos criminales.
b) Los delitos políticos.
c) Los actos de terrorismo.
d) Ninguno.

19. ¿Qué debe ser democrático, a tenor de lo dispuesto en la Constitución Española, en los sindicatos de trabajadores y las asociaciones empresariales?

a) Su funcionamiento.
b) Su estructura interna.
c) Su funcionamiento y estructura interna.
d) Sus órganos asamblearios.

20. ¿De cuántos Capítulos consta el Título I de la CE de 1978?

a) De tres.
b) De cinco.
c) De dos.
d) De cuatro.

En MADTEST tienes **más preguntas de este tema**, y todos tus avances quedan registrados y se reflejan en el ranking.

¡Supera tus límites con MADTEST!

Solución al test n.º 1

1. b) En la indisoluble unidad de la Nación española.

2. c) Tienen el deber de conocer y el derecho de usar el castellano.

3. d) De las nacionalidades y regiones que la integran.

4. d) Las respuestas b) y c) son correctas.

5. a) Aprobada por las Cortes el 31 de octubre de 1978, ratificada por el pueblo en referéndum el 6 de diciembre de 1978 y publicada el 29 de diciembre de 1978.

6. b) En el Preámbulo.

7. a) El Rey.

8. d) Ningún español de origen podrá ser privado de su nacionalidad.

9. d) La dignidad de la persona, los derechos inviolables que le son inherentes, el libre desarrollo de su personalidad, el respeto a la ley y a los derechos de los demás.

10. b) El pluralismo político.

11. c) Monarquía parlamentaria.

12. b) Parte orgánica.

13. c) Reside en el pueblo español.

14. c) Limitado por la función social de la misma.

15. b) En el Título Preliminar.

16. a) Consensuada.

17. d) Todas las respuestas son correctas.

18. b) Los delitos políticos.

19. c) Su funcionamiento y estructura interna.

20. b) De cinco.

Estatuto de Autonomía de la Región de Murcia: órganos institucionales. Régimen Jurídico. Reforma del Estatuto: procedimiento

1. El Estatuto de Autonomía de la Región de Murcia fue aprobado a través de la Ley:

a) Ley Orgánica 4/1982, de 9 de junio.
b) Ley Orgánica 2/1984, de 6 de septiembre.
c) Ley Orgánica 4/1984, de 6 de junio.
d) Ley Orgánica 2/1982, de 9 de septiembre.

2. ¿De cuántos artículos consta el Estatuto de Autonomía de la Región de Murcia?

a) 45 artículos.
b) 55 artículos.
c) 69 artículos.
d) 82 artículos.

3. ¿Qué título del Estatuto de Autonomía de la Región de Murcia se refiere a los órganos institucionales?

a) Título Preliminar.
b) Título I.
c) Título II.
d) Título III.

4. Según el artículo 2 del Estatuto de Autonomía de la Región de Murcia, los poderes de la Comunidad Autónoma emanan de la Constitución, del Estatuto de Autonomía, y de:

a) El pueblo.
b) La Asamblea Regional.
c) Las leyes.
d) El Tratado de la Unión Europea.

5. La Comunidad Autónoma de Murcia se organiza territorialmente en:

a) Municipios.
b) Municipios y comarcas.
c) Municipios y mancomunidades.
d) Entidades locales e institucionales.

6. La sede de la Asamblea Regional de Murcia está en la ciudad de:

a) Murcia.
b) Lorca.
c) San Javier.
d) Cartagena.

7. La Comunidad Autónoma de Murcia tiene la competencia exclusiva en materia de:

a) Régimen minero y energético.
b) Ordenación del sector pesquero.
c) Propiedad industrial.
d) Espectáculos públicos.

8. Según el artículo 19 del Estatuto de Autonomía, ¿puede la Región de Murcia establecer acuerdos de cooperación con otras Comunidades Autónomas?

a) Solo con las Comunidades Autónomas limítrofes, previa autorización de las Cortes Generales.
b) No, en ningún caso.
c) Sí, en cualquier caso, previa comunicación a las Cortes.
d) Sí, previa autorización de las Cortes Generales.

9. Según el artículo 23 del Estatuto de Autonomía, compete a la Asamblea Regional:

a) La formulación de proyectos de ley.
b) Nombrar al Presidente de la Comunidad Autónoma.
c) Interponer el recurso de inconstitucionalidad, contra leyes, disposiciones o actos con fuerza de ley del Estado que puedan afectar al ámbito de Autonomía para la Región.
d) Elaborar la Cuenta General de la Comunidad Autónoma.

10. La Asamblea Regional fijará por ley el número de sus miembros, que no será inferior a cuarenta y cinco diputados regionales ni superior a:

a) 50.
b) 55.
c) 60.
d) 65.

11. Las elecciones serán convocadas por el Presidente de la Comunidad Autónoma en los términos previstos en la Ley que regula el Régimen Electoral General, de manera que se realicen:

a) El cuarto domingo de mayo cada cuatro años.
b) El último domingo de mayo cada cuatro años.
c) El primer domingo de mayo cada cuatro años.
d) El segundo domingo de mayo cada cuatro años.

12. La Asamblea Regional se reunirá en dos períodos ordinarios de sesiones, comprendidos entre:

a) Enero y junio, el primero; y, septiembre y diciembre, el segundo.
b) Enero y mayo, el primero; y, septiembre y noviembre, el segundo.
c) Septiembre y diciembre, el primero; y, febrero y junio, el segundo.
d) Septiembre y enero, el primero; marzo y julio, el segundo.

13. Señala la opción incorrecta. El Presidente del Consejo de Gobierno no podrá acordar la disolución de la Asamblea:

a) Durante el primer período de sesiones de la legislatura.
b) Cuando se encuentre en tramitación una moción de censura.
c) Cuando se encuentre convocado un proceso electoral estatal.
d) Durante el primer año de su mandato.

14. La Asamblea Regional funciona:

a) En Pleno y en Comisiones.
b) En Grupos Parlamentarios.
c) En Pleno y en Mesas de Negociación.
d) En Pleno, en Mesa y en Junta de Portavoces.

15. ¿Cuál es el órgano supremo de la Asamblea Regional?

a) La Mesa.
b) El Presidente de la Asamblea.
c) El Pleno.
d) La Junta de Portavoces.

16. ¿Cuántos Diputados, como mínimo, son necesarios para constituirse en Grupo Parlamentario en la Asamblea Regional?

a) Dos.
b) Tres.
c) Cuatro.
d) Cinco.

17. Las leyes aprobadas por la Asamblea serán promulgadas por el Presidente de la Comunidad Autónoma en el plazo desde su aprobación, de:

a) 7 días.
b) 10 días.
c) 15 días.
d) 20 días.

18. Los decretos-leyes deberán ser convalidados o derogados por la Asamblea Regional después de un debate y votación de totalidad, en el plazo improrrogable desde su promulgación de:

a) 10 días.
b) 15 días.
c) 20 días.
d) 30 días.

19. Cuando su objeto sea la formación de textos articulados, la delegación legislativa deberá otorgarse mediante:

a) Una ley orgánica.
b) Una ley ordinaria.
c) Un decreto-ley.
d) Una ley de bases.

20. El Presidente de la Comunidad Autónoma es nombrado por:

a) El Rey.
b) La Asamblea Regional.
c) El Congreso de los Diputados.
d) El Presidente de la Asamblea Regional.

En MADTEST tienes **más preguntas de este tema**, y todos tus avances quedan registrados y se reflejan en el ranking.

¡Supera tus límites con MADTEST!

Solución al test n.º 2

1. a) Ley Orgánica 4/1982, de 9 de junio.

2. b) 55 artículos.

3. c) Título II.

4. a) El pueblo.

5. b) Municipios y comarcas.

6. d) Cartagena.

7. d) Espectáculos públicos.

8. d) Sí, previa autorización de las Cortes Generales.

9. c) Interponer el recurso de inconstitucionalidad, contra leyes, disposiciones o actos con fuerza de ley del Estado que puedan afectar al ámbito de Autonomía para la Región.

10. b) 55.

11. a) El cuarto domingo de mayo cada cuatro años.

12. c) Septiembre y diciembre, el primero; y, febrero y junio, el segundo.

13. d) Durante el primer año de su mandato.

14. a) En Pleno y en Comisiones.

15. c) El Pleno.

16. b) Tres.

17. c) 15 días.

18. d) 30 días.

19. d) Una ley de bases.

20. a) El Rey.

**Ley 6/2004, de 28 de diciembre, del Estatuto del Presidente y del Consejo de Gobierno de la Región de Murcia.
El Presidente: cometido y atribuciones. El vicepresidente.
El Consejo de Gobierno: naturaleza, composición y atribuciones.
Los Consejeros: cometido y atribuciones**

1. El Presidente de la Comunidad Autónoma es:

a) Nombrado por el Rey, mediante Ley de la Asamblea Regional.
b) Nombrado por el Presidente de la Asamblea Regional, a elección del Pleno de la Cámara de entre sus miembros.
c) Nombrado por el Rey, mediante Real Decreto.
d) Nombrado por la Asamblea Regional, de entre sus miembros, conforme al procedimiento establecido en el Estatuto de Autonomía de la Región de Murcia y en el Reglamento de la Cámara.

2. El Presidente de la Comunidad Autónoma:

a) Puede no ostentar ningún cargo representativo.
b) Puede ser diputado regional y estatal.
c) No puede ostentar ningún cargo representativo más que el de diputado regional.
d) Habrá de ser diputado regional y podrá ostentar la condición de senador.

3. Al comienzo de cada legislatura, tras la celebración de elecciones a la Asamblea Regional, y en los demás casos en que corresponda, el Presidente de la misma, previa consulta a los representantes designados por los grupos políticos con representación parlamentaria, propondrá un candidato a la Presidencia de la Comunidad Autónoma, y convocará a la Cámara para la celebración del Pleno de investidura y elección del Presidente de la Comunidad, en el plazo de:

a) 5 días.
b) 10 días.
c) 15 días.
d) 20 días.

4. La elección de Presidente de la Comunidad Autónoma, en primera convocatoria, requerirá el voto de los miembros de la Asamblea Regional por:

a) Mayoría absoluta.
b) Mayoría simple.
c) Mayoría de dos tercios.
d) Mayoría de tres quintos.

5. Si no resultara elegido el primer candidato propuesto, el Presidente de la Asamblea, formulará sucesivas propuestas en la forma anteriormente establecida, debiendo mediar entre cada convocatoria al menos:

a) 48 horas.
b) 5 días.
c) 10 días.
d) 15 días.

6. El Presidente de la Comunidad Autónoma ejercerá sus funciones desde la toma de posesión, que tendrá lugar en el plazo, a contar desde que se publique su nombramiento en el Boletín Oficial del Estado, de:

a) 3 días.
b) 5 días.
c) 7 días.
d) 10 días.

7. El capítulo IV del título I de la Ley 6/2004 señala como órganos de apoyo al Presidente de la Comunidad Autónoma:

a) La Secretaría Técnica y la Dirección General de Presidencia.
b) La Comisión de Subsecretarios y la Portavocía del Gobierno.
c) La Secretaría General de la Presidencia y el Gabinete de la Presidencia.
d) Las Vicepresidencias.

8. El titular de la Secretaría General de la Presidencia tendrá rango de:

a) Consejero.
b) Director General.
c) Subdirector General.
d) Jefe de Servicio.

9. A efectos de suplencia del Presidente de la Comunidad Autónoma, ¿cuál de los siguientes Consejeros tiene la primera posición en el orden de prelación?

a) Titular de la Consejería de Economía, Hacienda , Fondos Europeos y Transformación Digital.
b) Titular de la Consejería de Educación y Formación Profesional.

c) Titular de la Consejería de Presidencia, Portavocía, Acción Exterior y Emergencias.
d) Titular de la Consejería de Política Social, Familias e Igualdad.

10. El Consejo de Gobierno, reunido en sesión extraordinaria al efecto, a su propia instancia o a la del Presidente, podrá apreciar, que este se encuentra incapacitado, física o mentalmente, de forma transitoria, por acuerdo de:

a) La mayoría absoluta de sus miembros.
b) La mayoría simple de sus miembros.
c) Las cuatro quintas partes de sus miembros, excluido el Presidente.
d) La totalidad de sus miembros, excluido el Presidente.

11. El Presidente interino, por la suspensión por incapacidad del Presidente de la Comunidad Autónoma:

a) Podrá modificar el número, denominación y el orden de prelación de las consejerías.
b) Podrá ser sometido a moción de censura.
c) Podrá plantear la cuestión de confianza.
d) Podrá, en caso de cese de algún Consejero, encomendar el despacho de esa Consejería a otro Consejero dando cuenta de ello, por escrito, a la Asamblea Regional.

12. El Consejo de Gobierno se compone de:

a) El Presidente, el Vicepresidente, en su caso, y los consejeros.
b) La Presidencia y las Consejerías.
c) El Presidente, los consejeros y los órganos superiores de la Administración regional.
d) El Presidente, los Vicepresidentes, los consejeros, los órganos superiores de la Administración y los órganos directivos de la misma.

13. ¿Qué rango tendrá el titular del Gabinete del Presidente?

a) Consejero.
b) Director General.
c) Subdirector General.
d) Jefe de Servicio.

14. ¿Qué órgano tiene encomendadas las funciones de estudio y preparación de los asuntos sometidos a la deliberación del Consejo de Gobierno o de sus Comisiones Delegadas, emitiendo informes sobre los referidos asuntos?

a) El Gabinete de la Presidencia.
b) La Comisión de Secretarios Generales.
c) La Consejería de Presidencia, Portavocía, Acción Exterior y Emergencias.
d) La Comisión Delegada de Asuntos a tratar.

15. En el conjunto de los dos periodos de sesiones, ¿cuántos debates generales o monográficos sobre la acción política y de gobierno se podrán celebrar por iniciativa parlamentaria?

a) 1.
b) 2.
c) 3.
d) 4.

16. Las disposiciones del Gobierno regional que contengan legislación delegada recibirán el título de:

a) Decretos legislativos.
b) Decretos-leyes.
c) Leyes de bases.
d) Leyes de armonización.

17. ¿Cuál de las siguientes atribuciones del Presidente de la Comunidad Autónoma es delegable?

a) Firmar los convenios o acuerdos de cooperación que se celebren con otras comunidades autónomas.
b) Convocar al Consejo de Gobierno, fijar el orden del día, presidir, suspender y levantar sus sesiones y dirigir los debates y deliberaciones que se produzcan en su seno.
c) Proponer la celebración de debates generales en la Asamblea Regional, en el marco de lo establecido por el Reglamento de la misma.
d) Promulgar, en nombre del Rey, las leyes de la Asamblea y los decretos legislativos, y ordenar su inmediata publicación en el Boletín Oficial de la Región de Murcia, así como en el Boletín Oficial del Estado.

18. Los consejeros tendrán derecho a recibir el tratamiento de:

a) Excelencia.
b) Ilustrísima.
c) Señoría.
d) Magnífico.

19. En su condición de miembros del Consejo de Gobierno, los Consejeros podrán:

a) Aprobar los anteproyectos de ley y los proyectos de decreto relacionados con las materias de su competencia.
b) Nombrar y cesar a los altos cargos dependientes de su Consejería.
c) Velar por el exacto cumplimiento de las leyes y resoluciones de la Asamblea Regional, en cuanto conciernan a sus competencias.
d) Aprobar el programa de actuación de su Consejería.

20. De las siguientes funciones de los consejeros, en cuanto titulares de sus respectivas consejerías, ¿cuál no puede ser delegable?

a) La representación de la Consejería.

b) La elevación al Consejo de Gobierno de los anteproyectos de ley o proyectos de decreto, así como de las propuestas de acuerdos que afecten a su departamento.

c) La resolución de los recursos administrativos y reclamaciones que les correspondan.

d) La superior autoridad sobre el personal de la Consejería.

En MADTEST tienes **más preguntas de este tema**, y todos tus avances quedan registrados y se reflejan en el ranking.

¡Supera tus límites con MADTEST!

Solución al test n.º 3

1. c) Nombrado por el Rey, mediante Real Decreto.

2. d) Habrá de ser diputado regional y podrá ostentar la condición de senador.

3. b) 10 días.

4. a) Mayoría absoluta.

5. a) 48 horas.

6. b) 5 días.

7. c) La Secretaría General de la Presidencia y el Gabinete de la Presidencia.

8. a) Consejero.

9. d) Titular de la Consejería de Política Social, Familias e Igualdad.

10. c) Las cuatro quintas partes de sus miembros, excluido el Presidente.

11. d) Podrá, en caso de cese de algún Consejero, encomendar el despacho de esa Consejería a otro Consejero dando cuenta de ello, por escrito, a la Asamblea Regional.

12. a) El Presidente, el Vicepresidente, en su caso, y los consejeros.

13. b) Director General.

14. b) La Comisión de Secretarios Generales.

15. c) 3.

16. a) Decretos legislativos.

17. a) Firmar los convenios o acuerdos de cooperación que se celebren con otras comunidades autónomas.

18. a) Excelencia.

19. c) Velar por el exacto cumplimiento de las leyes y resoluciones de la Asamblea Regional, en cuanto conciernan a sus competencias.

20. b) La elevación al Consejo de Gobierno de los anteproyectos de ley o proyectos de decreto, así como de las propuestas de acuerdos que afecten a su departamento.

La protección de datos personales: condiciones para el consentimiento en el Reglamento (UE) 2016/679.
Ley Orgánica 3/2018, de 5 de diciembre, de Protección de Datos Personales y de garantía de los derechos digitales: disposiciones generales; principios de la protección de datos; derechos de las personas. Delegado de Protección de Datos.
Autoridades autonómicas de protección de datos. Ley 12/2014, de 16 de diciembre, de Transparencia y Participación Ciudadana de la Comunidad Autónoma de la Región de Murcia:
objeto, finalidad y definiciones

1. Según el artículo 18.3 de la Constitución Española, se garantiza el secreto de las comunicaciones y, en especial, de las postales, telegráficas y telefónicas:

a) Siempre.
b) Salvo resolución judicial.
c) Excepto en los casos que establezcan las leyes.
d) Salvo consentimiento del interesado.

2. Cuando los plazos se señalen por días en el RGPD o en la LO 3/2018, se entiende que estos:

a) Son naturales.
b) Son hábiles, de lunes a sábado; excluyéndose del cómputo los domingos y los declarados festivos.
c) Son naturales; excluyéndose del cómputo los declarados festivos.
d) Son hábiles, excluyéndose del cómputo los sábados, los domingos y los declarados festivos.

3. El RGPD considera "destinatario":

a) A la persona física o jurídica, autoridad pública, servicio u otro organismo al que se comuniquen datos personales, siempre que se trate de un tercero.
b) A la persona física o jurídica, autoridad pública, servicio u otro organismo al que se comuniquen datos personales, se trate o no de un tercero.

c) A la autoridad pública que pueda recibir datos personales en el marco de una investigación concreta de conformidad con el Derecho de la Unión o de los Estados miembros.

d) A la persona física o jurídica, autoridad pública, servicio u organismo distinto del interesado, del responsable del tratamiento, del encargado del tratamiento y de las personas autorizadas para tratar los datos personales bajo la autoridad directa del responsable o del encargado.

4. El RGPD denomina a la autoridad pública independiente establecida por un Estado miembro:

a) Agencia Nacional de Protección de Datos.
b) Representante.
c) Autoridad de control.
d) Autoridad de referencia.

5. ¿Cómo denomina el RGPD el tratamiento de datos personales de manera tal que ya no puedan atribuirse a un interesado sin utilizar información adicional, siempre que dicha información adicional figure por separado y esté sujeta a medidas técnicas y organizativas destinadas a garantizar que los datos personales no se atribuyan a una persona física identificada o identificable?

a) Seudonimización.
b) Anonimización.
c) Generalización.
d) Encriptación.

6. Conforme al artículo 3 de la LO 3/2018, las personas vinculadas al fallecido por razones familiares o de hecho así como sus herederos:

a) No podrán dirigirse al responsable o encargado del tratamiento para solicitar el acceso a los datos personales de aquella, si no es por vía judicial.
b) Sólo podrán dirigirse al encargado del tratamiento, siempre que sea con objeto de rectificar datos manifiestamente falsos.
c) Podrán dirigirse al responsable o encargado del tratamiento siempre que sea con objeto de solicitar la supresión de los datos personales de aquella sin posibilidad de acceder a ellos.
d) Podrán dirigirse al responsable o encargado del tratamiento al objeto de solicitar el acceso a los datos personales de aquella y, en su caso, su rectificación o supresión.

7. Las Administraciones Públicas incorporarán a los temarios de las pruebas de acceso a los cuerpos superiores y a aquéllos en que habitualmente se desempeñen funciones que impliquen el acceso a datos personales materias relacionadas con la garantía de los derechos digitales y en particular:

a) El de protección de datos.
b) El de libertad de expresión.

c) El de protección de los menores.

d) El de seguridad de las comunicaciones.

8. Toda persona cuya identidad pueda determinarse, directa o indirectamente, en particular mediante un identificador, como por ejemplo un nombre, un número de identificación, datos de localización, un identificador en línea o uno o varios elementos propios de la identidad física, fisiológica, genética, psíquica, económica, cultural o social de dicha persona, se considerará persona física:

a) Identificable.

b) Fichada.

c) Legal.

d) Tratable.

9. Los datos personales serán tratados de tal manera que se garantice una seguridad adecuada de los mismos, incluida la protección contra el tratamiento no autorizado o ilícito y contra su pérdida, destrucción o daño accidental, mediante la aplicación de medidas técnicas u organizativas apropiadas; todo ello en virtud del principio de:

a) Responsabilidad proactiva.

b) Integridad y confidencialidad.

c) Limitación de la finalidad.

d) Licitud, lealtad y transparencia.

10. Conforme al principio de limitación de la finalidad, los datos personales serán recogidos con fines determinados, explícitos y:

a) Limitados.

b) Transparentes.

c) Compatibles.

d) Legítimos.

11. ¿En virtud de qué principio previsto por el Reglamento General de Protección de Datos, los datos personales serán adecuados, pertinentes y limitados a lo necesario en relación con los fines para los que son tratados?

a) Principio de exactitud.

b) Principio de limitación de la finalidad.

c) Principio de responsabilidad proactiva.

d) Principio de minimización de datos.

12. En relación al consentimiento, el Reglamento General de Protección de Datos dispone que:

a) El consentimiento puede deducirse del silencio o de la inacción de los ciudadanos.

b) Se permite el llamado consentimiento tácito.

c) No es admisible el consentimiento del interesado dado en el contexto de una declaración escrita que también se refiera a otros asuntos.

d) Quienes recopilen datos personales deben ser capaces de demostrar que el afectado les otorgó su consentimiento.

13. Como la consecuencia del derecho que tienen los ciudadanos a solicitar, y obtener de los responsables, que los datos personales sean suprimidos cuando, entre otros casos, estos ya no sean necesarios para la finalidad con la que fueron recogidos, cuando se haya retirado el consentimiento o cuando estos se hayan recogido de forma ilícita, el Reglamento General de Protección de Datos propugna el derecho:

a) Al olvido.
b) De oposición.
c) De rectificación.
d) Al borrado.

14. Según el Reglamento General de Protección de Datos, cuando los datos personales no se hayan obtenido del interesado, el responsable del tratamiento le facilitará, entre otras informaciones, los fines del tratamiento a que se destinan los datos personales, así como la base jurídica del tratamiento. El responsable del tratamiento facilitará la información dentro de un plazo razonable, una vez obtenidos los datos personales, y a más tardar dentro de:

a) 10 días hábiles.
b) 20 días.
c) 1 mes.
d) 3 meses.

15. Según el Reglamento (UE) 2016/679, de 27 de abril, relativo a la protección de las personas físicas en lo que respecta al tratamiento de datos personales y a la libre circulación de estos datos, para poder considerar que el consentimiento del interesado para el tratamiento de sus datos personales es inequívoco:

a) Se requerirá declaración jurada del interesado donde manifieste su conformidad.
b) Se precisa contrato de cesión de datos personales.
c) Deberá existir una declaración del interesado o una acción positiva que manifieste su conformidad.
d) Bastará con el consentimiento por silencio, casillas ya marcadas o inacción.

16. El tratamiento de datos personales solo podrá considerarse fundado en el cumplimiento de una misión realizada en interés público o en el ejercicio de poderes públicos conferidos al responsable cuando derive de una competencia atribuida por:

a) Una norma con rango de ley.
b) El Reglamento General de Protección de Datos.

c) La Ley Orgánica 3/2018, de 5 de diciembre, de Protección de Datos Personales y garantía de los derechos digitales.

d) Un Reglamento.

17. ¿Conforme al artículo 9 de la LO 3/2018, de 5 de diciembre, de Protección de Datos Personales y garantía de los derechos digitales, cuál de los siguientes tratamientos de datos fundados en el Derecho español deberá estar amparado en una norma con rango de ley?

a) Tratamiento necesario con fines de archivo en interés público, fines de investigación científica o histórica.

b) Tratamiento efectuado, en el ámbito de sus actividades legítimas y con las debidas garantías, por una fundación, una asociación o cualquier otro organismo sin ánimo de lucro, cuya finalidad sea política, filosófica, religiosa o sindical, siempre que el tratamiento se refiera exclusivamente a los miembros actuales o antiguos de tales organismos o a personas que mantengan contactos regulares con ellos en relación con sus fines y siempre que los datos personales no se comuniquen fuera de ellos sin el consentimiento de los interesados.

c) Tratamiento necesario para fines de medicina preventiva o laboral, evaluación de la capacidad laboral del trabajador, diagnóstico médico, prestación de asistencia o tratamiento de tipo sanitario o social, o gestión de los sistemas y servicios de asistencia sanitaria y social.

d) Tratamiento referido a datos personales que el interesado ha hecho manifiestamente públicos.

18. Conforme al RGPD, el interesado tendrá derecho a obtener del responsable del tratamiento la limitación del tratamiento de los datos cuando el responsable ya no necesite los datos personales para los fines del tratamiento, pero el interesado los necesite para:

a) La formulación, el ejercicio o la defensa de reclamaciones.

b) Verificar la exactitud de los mismos

c) Incorporarlos a sus archivos personales.

d) Proceder él mismo a su destrucción.

19. El derecho a la portabilidad de los datos:

a) Se podrá aplicar a los tratamientos que sean necesario para el cumplimiento de una misión realizada en interés público o en el ejercicio de poderes públicos conferidos al responsable del tratamiento.

b) A diferencia de otros derechos, podrá afectar negativamente a los derechos y libertades de otros.

c) Supone la obligación de que, en todo caso, los datos personales se transmitan directamente de responsable a responsable.

d) Requiere que el tratamiento se efectúe por medios automatizados.

20. Cuando las solicitudes de ejercicio de los derechos de un interesado en un tratamiento de datos de carácter personal sean manifiestamente infundadas o excesivas, especialmente debido a su carácter repetitivo, el responsable del tratamiento podrá cobrar un canon razonable en función de los costes administrativos afrontados para facilitar la información o la comunicación o realizar la actuación solicitada. A menos que exista causa legítima para ello, se podrá considerar repetitivo el ejercicio del derecho de acceso en más de una ocasión durante el plazo de (a partir de):

    a) 3 meses.
    b) 6 meses.
    c) 10 meses.
    d) 1 año.

En MADTEST tienes **más preguntas de este tema**, y todos tus avances quedan registrados y se reflejan en el ranking.

¡Supera tus límites con MADTEST!

Solución al test n.º 4

1. b) Salvo resolución judicial.

2. d) Son hábiles, excluyéndose del cómputo los sábados, los domingos y los declarados festivos.

3. b) A la persona física o jurídica, autoridad pública, servicio u otro organismo al que se comuniquen datos personales, se trate o no de un tercero.

4. c) Autoridad de control.

5. a) Seudonimización.

6. d) Podrán dirigirse al responsable o encargado del tratamiento al objeto de solicitar el acceso a los datos personales de aquella y, en su caso, su rectificación o supresión.

7. a) El de protección de datos.

8. a) Identificable.

9. b) Integridad y confidencialidad.

10. d) Legítimos.

11. d) Principio de minimización de datos.

12. d) Quienes recopilen datos personales deben ser capaces de demostrar que el afectado les otorgó su consentimiento.

13. a) Al olvido.

14. c) 1 mes.

15. c) Deberá existir una declaración del interesado o una acción positiva que manifieste su conformidad.

16. a) Una norma con rango de ley.

17. c) Tratamiento necesario para fines de medicina preventiva o laboral, evaluación de la capacidad laboral del trabajador, diagnóstico médico, prestación de asistencia o tratamiento de tipo sanitario o social, o gestión de los sistemas y servicios de asistencia sanitaria y social.

18. a) La formulación, el ejercicio o la defensa de reclamaciones.

19. d) Requiere que el tratamiento se efectúe por medios automatizados.

20. b) 6 meses.

Ley 31/1995, de 8 de noviembre, de Prevención de Riesgos Laborales: objeto, ámbito de aplicación y definiciones. Derechos y obligaciones. Servicios de prevención: concepto y funciones. Consulta y participación de los trabajadores. Conceptos básicos sobre riesgos laborales: definición de Seguridad en el Trabajo, Higiene Industrial, Ergonomía y Psicosociología

1.¿Qué se entiende por "riesgo laboral"?

a) La posibilidad de que un trabajador sufra un determinado daño derivado del trabajo.
b) La posibilidad de que un trabajador sufra una enfermedad en el trabajo.
c) La posibilidad de que un trabajador sufra acoso.
d) El riesgo que supone el ir a trabajar.

2. Indica cuál es la definición de prevención:

a) La probabilidad racional de que un riesgo se materialice de forma inminente.
b) El estudio de los procesos potencialmente peligrosos para el trabajo.
c) Conjunto de actividades o medidas adoptadas o previstas en todas las fases de actividad de la empresa con el fin de evitar o disminuir los riesgos derivados del trabajo.
d) Posibilidad de que un trabajador sufra un determinado daño derivado del trabajo.

3. Según establece el art. 4 de la Ley 31/1995, de 8 de noviembre, de Prevención de Riesgos Laborales, se define como daños derivados del trabajo.

a) La posibilidad de que un trabajador sufra un determinado daño derivado del trabajo.
b) El que resulte probable racionalmente que se materialice en un futuro inmediato y pueda suponer y pueda suponer un daño grave para la salud de los trabajadores.
c) Las enfermedades, patologías o lesiones sufridas con motivo u ocasión del trabajo.
d) Cualquier máquina, aparato, instrumento o instalación utilizada en el trabajo.

4. Se considera como "condición de trabajo":

a) Cualquier característica del trabajo que pueda tener una influencia significativa en la generación de riesgos para la seguridad y la salud del trabajador, quedando excluidas las características generales de los locales e instalaciones, existentes en el centro de trabajo.

b) La naturaleza de los agentes físicos, químicos y biológicos presentes en el ambiente de trabajo y sus correspondientes intensidades, concentraciones o niveles de presencia además de las instalaciones, incluidas las características organizativas del trabajo.

c) Todas aquellas características del trabajo, excluidas las relativas a su organización y ordenación, que influyan en la magnitud de los riesgos a que esté expuesto el trabajador.

d) Todas son correctas.

5. Para calificar un riesgo desde el punto de vista de su gravedad, se valorarán conjuntamente la severidad del daño y:

a) La probabilidad de que se produzca.

b) La cantidad de trabajadores de la empresa.

c) La existencia o no de equipos individuales de protección.

d) Las condiciones de trabajo.

6. Según recoge el artículo 4 de la Ley 31/1995, quedan específicamente incluidas en la definición de condición de trabajo:

a) Las características particulares de los locales, instalaciones, equipos, productos y demás útiles existentes en el centro de trabajo.

b) La naturaleza de los agentes físicos, químicos y biológicos presentes en el ambiente de trabajo y sus correspondientes intensidades, concentraciones o niveles de presencia.

c) Los procedimientos para la utilización de los agentes citados anteriormente que no influyan en la generación de los riesgos mencionados.

d) Todas aquellas otras características del trabajo, excluidas las relativas a su organización y ordenación, que influyan en la magnitud de los riesgos a que esté expuesto el trabajador.

7. El derecho básico reconocido a los trabajadores por la Ley 31/1995, de 8 de noviembre, es:

a) La vigilancia de su estado de salud.

b) Una protección eficaz en materia de seguridad y salud en el trabajo.

c) La formación en materia preventiva.

d) La información, consulta y participación de los trabajadores.

8. Entre los principios de la acción preventiva recogidos por el artículo 15 de la Ley de Prevención de Riesgos Laborales, no figura:

a) Evitar los riesgos.

b) Evaluar los riesgos que se puedan evitar.

c) Tener en cuenta la evolución de la técnica.
d) Dar las debidas instrucciones a los trabajadores.

9. La prevención de riesgos laborales deberá integrarse en el sistema general de gestión de la empresa a través de:

a) La política preventiva.
b) El plan de prevención.
c) El consenso de las partes.
d) El poder de decisión del empresario.

10. Podrán realizar el plan de prevención de riesgos laborales, la evaluación de riesgos y la planificación de la actividad preventiva de forma simplificada, en atención a la naturaleza y peligrosidad de las actividades realizadas, empresas cuyo número de trabajadores no exceda de:

a) 30.
b) 50.
c) 80.
d) 100

11. En relación a la vigilancia de la salud que ha de garantizar el empresario, el acceso a la información médica de carácter personal:

a) Se limitará al empresario y a los Servicios de Prevención propios.
b) Se limitará al Jefe inmediato del trabajador.
c) Sólo será accesible al propio trabajador.
d) Se limitará al personal médico y a las autoridades sanitarias que lleven a cabo la vigilancia.

12. En relación a la vigilancia de la salud, no es cierto que:

a) El derecho a la vigilancia periódica del estado de salud puede prolongarse más allá de la finalización de la relación laboral.
b) Las medidas de vigilancia y control se llevarán a cabo por personal sanitario.
c) Los resultados de la vigilancia de la salud serán comunicados a los representantes de los trabajadores.
d) Se deberá optar por la realización de aquellos reconocimientos o pruebas que causen las menores molestias al trabajador.

13. Según la Ley de Prevención de Riesgos Laborales, es obligación de los trabajadores en materia de prevención de riesgos:

a) La protección eficaz en materia de seguridad y salud en el trabajo.
b) Utilizar correctamente los medios y equipos de protección facilitados por el empresario, de acuerdo con las instrucciones recibidas de éste.

c) Soportar el coste de las medidas relativas a la seguridad y la salud en el trabajo.

d) Desarrollar una acción permanente de seguimiento de la actividad preventiva.

14. Cuando los trabajadores estén expuestos a un riesgo grave e inminente con ocasión de su trabajo, y el empresario no adopte o no permita la adopción de las medidas necesarias para garantizar la seguridad y la salud de los trabajadores, la Ley 31/1995, de 8 de noviembre, de Prevención de Riesgos Laborales prevé que:

a) Los trabajadores afectados podrán paralizar la actividad.

b) El órgano de representación del personal instará formalmente al empresario a la adopción de las medidas necesarias.

c) Los Delegados de Prevención lo comunicarán a la autoridad laboral, que adoptará las medidas necesarias.

d) El órgano de representación de personal podrá acordar la paralización de la actividad.

15. El art. 21 de la LPRL establece los requisitos y el procedimiento para que los representantes legales de los trabajadores acuerden la paralización de la actividad de los trabajadores que están o puedan estar expuestos a un riesgo grave e inminente si el empresario no adopta las medidas necesarias para garantizar la seguridad y salud de los trabajadores. La medida será adoptada por:

a) Acuerdo por mayoría absoluta de sus miembros. Tal acuerdo será comunicado de inmediato a la empresa y a la autoridad laboral, la cual, en el plazo de 48 horas, anulará o ratificará la paralización acordada.

b) Acuerdo por mayoría de 2/3 de sus miembros. Tal acuerdo será comunicado de inmediato a la empresa y a la autoridad laboral, la cual, en el plazo de 24 horas, anulará o ratificará la paralización acordada.

c) Acuerdo por mayoría de sus miembros. Tal acuerdo será comunicado de inmediato a la empresa y a la autoridad laboral, la cual, en el plazo de 48 horas, anulará o ratificará la paralización acordada.

d) Acuerdo por mayoría de sus miembros. Tal acuerdo será comunicado de inmediato a la empresa y a la autoridad laboral, la cual, en el plazo de 24 horas, anulará o ratificará la paralización acordada.

16. El posible cambio de puesto de trabajo con riesgo para una trabajadora embarazada:

a) Deberá realizarse en caso de imposibilidad de adaptación del propio puesto.

b) Se hará previo informe en tal sentido del Servicio de Prevención.

c) Se determinará por el empresario, y dará información a los representantes de los trabajadores.

d) Se extenderá al período de lactancia.

17. ¿Cuándo se deben utilizar los equipos de protección individual?

a) Siempre.

b) Cuando los riesgos no hayan sido evaluados.

c) Cuando los riesgos no se puedan evitar o no puedan limitarse.

d) Cuando el trabajador lo estime oportuno.

18. Según el artículo 19 de la Ley de Prevención de Riesgos Laborales, la formación teórica y práctica en materia preventiva deberá:

a) Impartirse en horario dentro de la jornada de trabajo.

b) Impartirse por igual en jornada de trabajo y fuera del horario de trabajo.

c) Impartirse, siempre que sea posible, dentro de la jornada de trabajo o, en su defecto, en otras horas, pero con el descuento en aquella del tiempo invertido en la misma.

d) La formación teórica siempre debe ser en horario dentro de la jornaca de trabajo y la formación práctica puede impartirse tanto dentro como fuera de la jornada de trabajo.

19. Las trabajadoras embarazadas, ¿tienen derecho a ausentarse del trabajo para la realización de exámenes prenatales y técnicas de preparación al parto?

a) Sí, con derecho a remuneración, previo aviso al empresario y justificación de la necesidad de su realización dentro de la jornada de trabajo.

b) Sí, con derecho a remuneración, sin necesidad de avisar al empresario ni justificar la necesidad de su realización dentro de la jornada de trabajo.

c) Sí, sin derecho a remuneración, previo aviso al empresario y justificación de la necesidad de su realización dentro de la jornada de trabajo.

d) No, en ningún caso.

20. El empresario deberá constituir un servicio de prevención propio siempre que se trate de empresas que cuenten con:

a) Más de 500 trabajadores.

b) Menos de 250 trabajadores.

c) Más de 250 trabajadores.

d) Más de 250 y menos de 500 trabajadores.

En MADTEST tienes **más preguntas de este tema,** y todos tus avances quedan registrados y se reflejan en el ranking.

¡Supera tus límites con MADTEST!

Solución al test n.º 5

1. a) La posibilidad de que un trabajador sufra un determinado daño derivado del trabajo.

2. c) Conjunto de actividades o medidas adoptadas o previstas en todas las fases de actividad de la empresa con el fin de evitar o disminuir los riesgos derivados del trabajo.

3. c) Las enfermedades, patologías o lesiones sufridas con motivo u ocasión del trabajo.

4. b) La naturaleza de los agentes físicos, químicos y biológicos presentes en el ambiente de trabajo y sus correspondientes intensidades, concentraciones o niveles de presencia además de las instalaciones, incluidas las características organizativas del trabajo.

5. a) La probabilidad de que se produzca.

6. b) La naturaleza de los agentes físicos, químicos y biológicos presentes en el ambiente de trabajo y sus correspondientes intensidades, concentraciones o niveles de presencia.

7. b) Una protección eficaz en materia de seguridad y salud en el trabajo.

8. b) Evaluar los riesgos que se puedan evitar.

9. b) El plan de prevención.

10. b) 50.

11. d) Se limitará al personal médico y a las autoridades sanitarias que lleven a cabo la vigilancia.

12. c) Los resultados de la vigilancia de la salud serán comunicados a los representantes de los trabajadores.

13. b) Utilizar correctamente los medios y equipos de protección facilitados por el empresario, de acuerdo con las instrucciones recibidas de éste.

14. d) El órgano de representación de personal podrá acordar la paralización de la actividad.

15. d) Acuerdo por mayoría de sus miembros. Tal acuerdo será comunicado de inmediato a la empresa y a la autoridad laboral, la cual, en el plazo de 24 horas, anulará o ratificará la paralización acordada.

16. a) Deberá realizarse en caso de imposibilidad de adaptación del propio puesto.

17. c) Cuando los riesgos no se puedan evitar o no puedan limitarse.

18. c) Impartirse, siempre que sea posible, dentro de la jornada de trabajo o, en su defecto, en otras horas, pero con el descuento en aquella del tiempo invertido en la misma.

19. a) Sí, con derecho a remuneración, previo aviso al empresario y justificación de la necesidad de su realización dentro de la jornada de trabajo.

20. a) Más de 500 trabajadores.

El principio de igualdad y la tutela contra la discriminación en la Ley Orgánica 3/2007, de 22 de marzo. Planes de igualdad: concepto y contenido. El acoso por razón de sexo en el trabajo en la Ley 7/2007, de 4 de abril

1. Según su artículo 1, la LO 3/2007 tiene por objeto hacer efectivo el derecho de:

a) Conciliación de la vida laboral y familiar de mujeres y hombres.
b) Igualdad de trato y de oportunidades entre mujeres y hombres.
c) Participación en los asuntos públicos en igualdad de condiciones.
d) No discriminación por razón de sexo.

2. Las obligaciones establecidas en la LO 3/2007 son de aplicación a:

a) A toda persona, física o jurídica, que se encuentre o actúe en territorio español, cualquiera que fuese su nacionalidad, domicilio o residencia.
b) A todos los ciudadanos españoles, ya sea en territorio español o territorio de cualquier país extranjero.
c) A toda persona, física o jurídica, que se encuentre o actúe en territorio español, con nacionalidad española.
d) A toda persona, física o jurídica, que resida en territorio español, cualquiera que fuese su nacionalidad.

3. Según el artículo 4 de la LO 3/2007, la igualdad de trato y de oportunidades entre mujeres y hombres:

a) Es un deber de las Administraciones Públicas.
b) Es una fuente formal del Derecho.
c) Es un principio informador del ordenamiento jurídico.
d) Es un objetivo fundamental del procedimiento administrativo.

4. El principio de igualdad de trato y de oportunidades entre mujeres y hombres:

a) Sólo se aplica en el ámbito del empleo público.
b) Se garantizará incluso en el acceso al trabajo por cuenta propia.

c) No se aplica en la afiliación y participación en organizaciones sindicales o empresariales.

d) Se garantizará en los términos que prevean los convenios colectivos.

5. La situación en que se encuentra una persona que sea, haya sido o pudiera ser tratada, en atención a su sexo, de manera menos favorable que otra en situación comparable, se considera:

a) Discriminación directa.

b) Acoso sexual.

c) Discriminación indirecta.

d) Violencia de género.

6. Una diferencia de trato basada en una característica relacionada con el sexo ¿constituye discriminación en el acceso al empleo?

a) Sí, en todo caso.

b) No, siempre que la formación necesaria se base en dicha característica.

c) No, siempre que dicha característica constituya un requisito profesional esencial y determinante.

d) No, si debido a la naturaleza de las actividades profesionales concretas o al contexto en el que se lleven a cabo, dicha característica constituya un requisito profesional esencial y determinante, siempre y cuando el objetivo sea legítimo y el requisito proporcionado.

7. En virtud del artículo 6.2 de la LO 3/2007, la situación en que una disposición, criterio o práctica aparentemente neutros pone a personas de un sexo en desventaja particular con respecto a personas del otro:

a) En cualquier caso constituirá discriminación directa.

b) En cualquier caso constituirá discriminación indirecta.

c) No se considera discriminación indirecta si dicha disposición, criterio o práctica pueden justificarse objetivamente en atención a una finalidad legítima y los medios para alcanzar dicha finalidad son necesarios y adecuados.

d) En ningún caso podrá considerarse discriminación.

8. Conforme al artículo 6.3 de la LO 3/2007, toda orden de discriminar por razón de sexo:

a) Sólo se considera discriminatoria si se ordena discriminar directamente.

b) En ningún caso se puede considerar discriminatoria.

c) Sólo se considera discriminatoria si ordena una discriminación indirecta.

d) En cualquier caso se considera discriminatoria, sea directa o indirecta.

9. A los efectos de la LO 3/2007, definimos como acoso sexual:

a) Cualquier comportamiento realizado en función del sexo de una persona, con el propósito o el efecto de atentar contra su dignidad y de crear un entorno intimidatorio, degradante u ofensivo.

b) La situación en que una disposición, criterio o práctica aparentemente neutros pone a personas de un sexo en desventaja particular con respecto a personas del otro, salvo que dicha disposición, criterio o práctica puedan justificarse objetivamente en atención a una finalidad legítima y que los medios para alcanzar dicha finalidad sean necesarios y adecuados.

c) Todo trato desfavorable a las mujeres relacionado con el embarazo o la maternidad.

d) Cualquier comportamiento, verbal o físico, de naturaleza sexual que tenga el propósito o produzca el efecto de atentar contra la dignidad de una persona, en particular cuando se crea un entorno intimidatorio, degradante u ofensivo.

10. Según el artículo 8 de la LO 3/2007, todo trato desfavorable a las mujeres relacionado con el embarazo o la maternidad constituye:

a) Acoso sexual.
b) Acoso por razón de sexo.
c) Discriminación directa por razón de sexo.
d) Discriminación indirecta por razón de sexo.

11. Cualquier comportamiento realizado en función del sexo de una persona, con el propósito o el efecto de atentar contra su dignidad y de crear un entorno intimidatorio, degradante u ofensivo, constituye:

a) Discriminación directa.
b) Acoso sexual.
c) Acoso por razón de sexo.
d) Discriminación indirecta.

12. Conforme al artículo 7.4 de la LO 3/2007, el condicionamiento de un derecho o de una expectativa de derecho a la aceptación de una situación constitutiva de acoso sexual o de acoso por razón de sexo se considerará:

a) Acto de discriminación por razón de sexo.
b) Creación de un entorno intimidatorio, degradante u ofensivo.
c) Anulable y sin efecto.
d) Indemnizable.

13. La capacidad y la legitimación para intervenir en los procesos civiles, sociales y contencioso-administrativos que versen sobre la defensa del derecho de igualdad entre mujeres y hombres, corresponden a:

a) La persona acosada, únicamente.
b) Cualquier ciudadano.
c) Las personas físicas y jurídicas con interés legítimo.
d) Cualquier persona jurídica.

14. La persona acosada será la única legitimada en los litigios:

a) Sobre discriminación directa.
b) Sobre acoso sexual y acoso por razón de sexo.
c) Sobre acoso sexual únicamente.
d) Únicamente sobre acoso por razón de sexo.

15. Un criterio general de actuación de los Poderes Públicos, según el artículo 14 de la LO 3/2007, es el establecimiento de medidas que aseguren la .... del trabajo y de la vida personal y familiar de las mujeres y los hombres, así como el fomento de la .... en las labores domésticas y en la atención a la familia. Qué dos palabras completan acertadamente la frase anterior:

a) Conciliación y corresponsabilidad.
b) Estabilidad y cooperación.
c) Corresponsabilidad y cooperación.
d) Estabilidad y conciliación.

16. Con el fin de hacer efectivo el derecho constitucional de la igualdad, los Poderes Públicos adoptarán medidas específicas en favor de las mujeres para corregir situaciones patentes de desigualdad de hecho respecto de los hombres. Tales medidas, que serán aplicables en tanto subsistan dichas situaciones, habrán de ser en relación con el objetivo perseguido en cada caso razonables y:

a) Justificadas.
b) Autorizadas judicialmente.
c) Transparentes.
d) Proporcionadas.

17. Conforme al artículo 12 de la LO 3/2007, cualquier persona podrá recabar de los tribunales la tutela del derecho a la igualdad entre mujeres y hombres, de acuerdo con lo establecido en el artículo 53.2 de la Constitución:

a) Siempre que la relación en la que supuestamente se produce la discriminación se encuentre vigente.
b) Incluso tras la terminación de la relación en la que supuestamente se ha producido la discriminación.
c) Siempre que se haya dado por terminada la relación en la que supuestamente se produce la discriminación.
d) A menos que se haya procedido a la suspensión de la relación en la que supuestamente se produce la discriminación.

18. En virtud del artículo 9 de la LO 3/2007, cualquier trato adverso o efecto negativo que se produzca en una persona como consecuencia de la presentación por su parte de queja, reclamación, denuncia, demanda o recurso, de cualquier tipo, destinados a impedir su discriminación y a exigir el cumplimiento efectivo del principio de igualdad de trato entre mujeres y hombres, se considerará:

a) Discriminación directa.
b) Discriminación por razón de sexo.
c) Injustificado.
d) Acoso sexual.

19. Para prevenir la realización de conductas discriminatorias en los actos y las cláusulas de los negocios jurídicos, el artículo 10 de la LO 3/2007 prevé la existencia de un sistema de sanciones eficaz y:

a) Proporcionado.
b) Comprensible.
c) Cuantificable.
d) Disuasorio.

20. Según el artículo 10 de la LO 3/2007, los actos y las cláusulas de los negocios jurídicos que constituyan o causen discriminación por razón de sexo se considerarán:

a) Válidos, pero anulables.
b) Nulos y sin efecto.
c) Ilegales.
d) Nulos, pero con efectos.

En MADTEST tienes **más preguntas de este tema**, y todos tus avances quedan registrados y se reflejan en el ranking.

¡Supera tus límites con MADTEST!

Solución al test n.º 6

1. b) Igualdad de trato y de oportunidades entre mujeres y hombres.

2. a) A toda persona, física o jurídica, que se encuentre o actúe en territorio español, cualquiera que fuese su nacionalidad, domicilio o residencia.

3. c) Es un principio informador del ordenamiento jurídico.

4. b) Se garantizará incluso en el acceso al trabajo por cuenta propia.

5. a) Discriminación directa.

6. d) No, si debido a la naturaleza de las actividades profesionales concretas o al contexto en el que se lleven a cabo, dicha característica constituya un requisito profesional esencial y determinante, siempre y cuando el objetivo sea legítimo y el requisito proporcionado.

7. c) No se considera discriminación indirecta si dicha disposición, criterio o práctica pueden justificarse objetivamente en atención a una finalidad legítima y los medios para alcanzar dicha finalidad son necesarios y adecuados.

8. d) En cualquier caso se considera discriminatoria, sea directa o indirecta.

9. d) Cualquier comportamiento, verbal o físico, de naturaleza sexual que tenga el propósito o produzca el efecto de atentar contra la dignidad de una persona, en particular cuando se crea un entorno intimidatorio, degradante u ofensivo.

10. c) Discriminación directa por razón de sexo.

11. c) Acoso por razón de sexo.

12. a) Acto de discriminación por razón de sexo.

13. c) Las personas físicas y jurídicas con interés legítimo.

14. b) Sobre acoso sexual y acoso por razón de sexo.

15. a) Conciliación y corresponsabilidad.

16. d) Proporcionadas.

17. b) Incluso tras la terminación de la relación en la que supuestamente se ha producido la discriminación.

18. b) Discriminación por razón de sexo.

19. d) Disuasorio.

20. b) Nulos y sin efecto.

La comunicación en la organización: interpersonal, descendente, ascendente y horizontal. Flujos y barreras de comunicación en las organizaciones. La organización y la cultura de la organización. Teorías sobre la motivación

1. La retroalimentación en la comunicación también se conoce como:

a) *Feedback*.
b) *Feeling*.
c) Simbiosis.
d) Fenómeno eco.

2. ¿Cuál de las palabras siguientes define el *fenómeno eco* en la comunicación?

a) Transferencia.
b) Retroalimentación.
c) *Feeling*.
d) Reformulación.

3. En la comunicación entre dos personas pueden existir fallos. Las siguientes son algunas de las causas psicológicas que justifican esos fallos excepto una; señala cuál:

a) No sabemos escuchar.
b) Utilizamos un lenguaje excesivamente técnico.
c) Nuestro estado emocional condiciona lo que queremos decir.
d) Mantenemos una actitud defensiva.

4. Indica la respuesta incorrecta. En cuanto a la escucha física es una técnica que:

a) Utiliza el lenguaje verbal.
b) Permite tranquilizar y relajar el ánimo del cliente.
c) Refleja la actitud de estar al servicio del cliente.
d) Transmite interés por el problema.

5. Uno de los aspectos positivos del *feedback* es:

a) Aclara las relaciones entre personas y ayuda a comprender mejor al otro.
b) Escucha y resume las ideas básicas.
c) Establece un clima agradable.
d) Evita distracciones.

6. Constituye la base esencial de la comunicación, sin el que sería absolutamente imposible cualquier actividad comunicativa:

a) Símbolo.
b) Código.
c) Emisor.
d) Canal.

7. ¿Cómo se llama el sistema de señales previamente convenido para hacerse entender?

a) Código.
b) Canal.
c) Signo lingüístico.
d) Símbolo.

8. ¿Qué elemento tiene como valor el que la comunicación sea posible a pesar de los ruidos?

a) La concreción de ideas.
b) La adecuación del tono.
c) La redundancia.
d) La exactitud.

9. En el mensaje "Voy a subir a arriba", la palabra "arriba" constituye:

a) Una metáfora.
b) Una redundancia.
c) Una hipérbole.
d) Una onomatopeya.

10. Cuando una persona realiza un movimiento oscilante de la mano con la palma hacia el público, este gesto significa que:

a) Señala o indica.
b) Rehúsa o rechaza.
c) Recibe de buen grado.
d) Expresa sorpresa.

11. Señala la respuesta incorrecta. Para que surta los efectos buscados, la expresión facial ha de ser:

a) Sincera.
b) Natural.
c) Espontánea.
d) Dramática.

12. ¿Cuál de los siguientes gestos expresa intensidad de sentimientos, con ira o firme determinación?

a) Señalar algo con el índice de la mano izquierda.
b) Puños apretados.
c) Movimiento oscilante de la mano con la palma hacia el receptor.
d) Acercar y separar las palmas de las manos entre sí, manteniéndolas paralelas.

13. ¿Cómo se llama la información adicional e involuntaria no incluida en los sonidos de las palabras que pronunciamos?

a) Metalenguaje.
b) Paráfrasis.
c) Saturación.
d) Paralenguaje.

14. Los comentarios, chismes y rumores son ejemplos de comunicación:

a) Formal.
b) Descendente.
c) Horizontal.
d) Informal.

15. Aquella comunicación que espera una acción sin imponerla obligatoriamente, se dice que es una comunicación:

a) Exhortativa.
b) Imperativa.
c) Genérica.
d) Informativa.

16. Cuando se dan contactos inmediatos entre emisor y receptor y se interpone un intermediario, hablamos de una comunicación:

a) Horizontal.
b) Formal.
c) Indirecta.
d) Intergrupal.

17. ¿Cuál de los siguientes requisitos ha de cumplir la comunicación efectiva de modo que la comunicación sea la estrictamente necesaria y lo más concisa posible, ya que el exceso de información puede ocasionar burocracia e ineficiencia?

a) Equilibrio.
b) Moderación.
c) Integridad.
d) Claridad.

18. Es un requisito de la comunicación eficaz:

a) Larga.
b) Oral.
c) Aprovechamiento de la organización formal.
d) Evaluación.

19. Comunicación en la organización que se caracteriza por poseer un contenido demasiado específico, transmite mensajes predominantemente relacionados con la ejecución y valoración de la tarea, órdenes y especificaciones de trabajo relacionadas con las funciones a realizar, los objetivos a alcanzar, las líneas de acción que conviene respetar, el nivel de cumplimiento de la tarea:

a) Comunicación horizontal.
b) Comunicación vertical.
c) Comunicación descendente.
d) Comunicación ascendente.

20. Según la *NTP (Nota Técnica Práctica) 685: La comunicación en las organizaciones*, ¿en qué nivel la comunicación es de doble sentido pero no es cara a cara y, aunque es posible la retroinformación, las señales no verbales no son aparentes?

a) Nivel uno.
b) Nivel dos.
c) Nivel tres.
d) Nivel cuatro.

En MADTEST tienes **más preguntas de este tema**, y todos tus avances quedan registrados y se reflejan en el ranking.

¡Supera tus límites con MADTEST!

Solución al test n.º 7

1. a) *Feedback*.

2. d) Reformulación.

3. b) Utilizamos un lenguaje excesivamente técnico.

4. a) Utiliza el lenguaje verbal.

5. a) Aclara las relaciones entre personas y ayuda a comprender mejor al otro.

6. b) Código.

7. a) Código.

8. c) La redundancia.

9. b) Una redundancia.

10. b) Rehúsa o rechaza.

11. d) Dramática.

12. b) Puños apretados.

13. d) Paralenguaje.

14. d) Informal.

15. a) Exhortativa.

16. c) Indirecta.

17. b) Moderación.

18. d) Evaluación.

19. c) Comunicación descendente.

20. b) Nivel dos.

TEST
PARTE ESPECÍFICA

La Ley 14/1986, de 25 de abril, General de Sanidad: la organización general del sistema sanitario público; los servicios de salud de las Comunidades Autónomas; las Áreas de Salud

1. ¿Qué norma regula los aspectos básicos de las profesiones sanitarias tituladas en lo que se refiere a su ejercicio por cuenta propia o ajena, a la estructura general de la formación de los profesionales, al desarrollo profesional de estos y a su participación en la planificación y ordenación de las profesiones sanitarias?

a) La Ley 41/2002, de 14 de noviembre.
b) La Ley 16/2003, de 28 de mayo.
c) La Ley 44/2003, de 21 de noviembre.
d) La Ley 15/1997, de 25 de abril.

2. La universalización de la atención sanitaria pretendido por la Ley General de Sanidad comprende:

a) La equidad en el acceso a los servicios.
b) La regionalización sanitaria.
c) La descentralización en la gestión de los recursos sanitarios.
d) La cobertura sanitaria de la totalidad de la población.

3. La Ley 14/1986 de 25 de abril, General de Sanidad, se estructura en:

a) Un Título Preliminar, siete Títulos, diez Disposiciones Adicionales, seis Disposiciones Transitorias, dos Disposiciones Derogatorias y dieciséis Disposiciones Finales.
b) Un Título Preliminar, seis Títulos, diez Disposiciones Adicionales, siete Disposiciones Transitorias, dos Disposiciones Derogatorias y dieciséis Disposiciones Finales.
c) Un Título Preliminar, siete Títulos, diez Disposiciones Adicionales, siete Disposiciones Transitorias, tres Disposiciones Derogatorias y dieciséis Disposiciones Finales.
d) Un Título Preliminar, siete Títulos, diez Disposiciones Adicionales, seis Disposiciones Transitorias, tres Disposiciones Derogatorias y dieciséis Disposiciones Finales.

4. Los subsistemas sanitarios autonómicos se integran en:

a) El Sistema Nacional de Salud.
b) El Sistema Interterritorial de Salud.
c) El Centro de Coordinación Sanitaria
d) Todas las respuestas anteriores son falsas.

5. La Ley 14/1986, de 25 de abril, General de Sanidad, establece que las piezas básicas de los Servicios de Salud de las Comunidades Autónomas son:

a) Las Áreas de Salud.
b) Los Distritos Sanitarios.
c) Las Comarcas Sanitarias.
d) Las Zonas de Salud.

6. La Ley 14/1986, de 25 de abril, General de Sanidad, tiene como objeto la regulación general de todas las acciones que permitan hacer efectivo el derecho a la protección de la salud reconocido en el artículo:

a) 15 de la Constitución Española.
b) 19 de la Constitución Española.
c) 33 de la Constitución Española.
d) 43 de la Constitución Española.

7. Las Áreas de Salud se delimitan teniendo en cuenta factores:

a) Climatológicos y de dotación de vías y medios de comunicación.
b) Geográficos y demográficos.
c) Socioeconómicos y culturales.
d) Todas las respuestas son correctas.

8. Como regla general el área de salud extenderá su acción a una población:

a) No inferior a 100.000 habitantes ni superior a 150.000.
b) No inferior a 200.000 habitantes ni superior a 250.000.
c) No inferior a 250.000 habitantes ni superior a 300.000.
d) No inferior a 300.000 habitantes ni superior a 500.000.

9. ¿Qué Comunidades Autónomas y/o Ciudades Autónomas se exceptúan de la regla que hemos visto en la pregunta anterior, pudiéndose acomodar a sus específicas peculiaridades?

a) Baleares, Ceuta y Melilla.
b) Baleares y Canarias.

c) Canarias, Ceuta y Melilla.
d) Baleares, Canarias, Ceuta y Melilla.

10. Según dispone al artículo 56.5 LGS, cada provincia tendrá, en todo caso y como mínimo:

a) Un área de salud.
b) Dos áreas de salud.
c) Tres áreas de salud.
d) Cuatro áreas de salud.

11. ¿Cómo se denomina el órgano de participación de las Áreas de Salud?

a) Consejo de salud de área.
b) Consejo de dirección de área.
c) Comisión de salud del área.
d) Comité de Participación del Área de Salud.

12. Los Consejos de salud de área estarán constituidos por:

a) Las organizaciones sindicales más representativas, en una proporción no inferior al 50 %, a través de los profesionales sanitarios titulados.
b) La representación de los ciudadanos a través de las Corporaciones Locales comprendidas en su demarcación, que supondrá el 25 % de sus miembros.
c) La Administración sanitaria del área de salud.
d) Todas las respuestas son correctas.

13. El Gerente del área de salud será nombrado y cesado por la dirección del servicio de salud de la Comunidad Autónoma, a propuesta de:

a) El Consejo de dirección del área.
b) El Consejo de salud del área.
c) La Consejería ce Sanidad de la Comunidad Autónoma.
d) El Consejo de Gerencia de la zona.

14. ¿A quién corresponde, según dispone el art. 60.3 LGS, presentar los anteproyectos del Plan de Salud y de sus adaptaciones anuales así como el proyecto de memoria anual del área de salud?

a) Al Consejo de salud del área.
b) Al Consejo de dirección del área.
c) Al Gerente del área de salud.
d) A las Consejerías de Sanidad de las Comunidades Autónomas.

15. Señala cuál de las siguientes es una de las funciones de los Consejos de Salud:

a) Conocer e informar el anteproyecto del Plan de Salud del área y de sus adaptaciones anuales.
b) Conocer e informar la memoria anual del área de salud.
c) Verificar la adecuación de las actuaciones en el área de salud a las normas y directrices de la política sanitaria y económica.
d) Todas las respuestas son correctas.

16. ¿Qué órganos deben existir, como mínimo, en las Áreas de Salud?

a) Consejo Sanitario, Gerencia y Comité Técnico.
b) Consejo de Salud de Área, Consejo de Dirección de Área y Gerente de Área.
c) Consejo Asesor, Dirección General y Secretaría Técnica.
d) Comité Ejecutivo, Consejo Social y Gerencia.

17. ¿Qué porcentaje de representación tienen los ciudadanos en el Consejo de Salud de Área?

a) 25 %.
b) 40 %.
c) 50 %.
d) 60 %.

18. ¿Qué órgano formula las directrices en política de salud y controla la gestión del Área?

a) El Consejo de Salud de Área.
b) El Gerente de Área.
c) El Consejo de Dirección del Área de Salud.
d) La Consejería de Sanidad.

19. ¿Quién nombra y cesa al Gerente del Área de Salud?

a) El Consejo de Salud del Área.
b) La Dirección del Servicio de Salud de la Comunidad Autónoma, a propuesta del Consejo de Dirección del Área.
c) El Ministerio de Sanidad.
d) El Consejo Interterritorial del Sistema Nacional de Salud.

20. ¿Qué órgano es responsable de la ejecución de las directrices establecidas por el Consejo de Dirección y del Plan de Salud del Área?

a) El Consejo de Salud del Área.
b) La Dirección General de Sanidad.
c) El Gerente del Área de Salud.
d) El Consejo Interterritorial.

En MADTEST tienes **más preguntas de este tema**, y todos tus avances quedan registrados y se reflejan en el ranking.

¡Supera tus límites con MADTEST!

Solución al test n.º 8

1. c) La Ley 44/2003, de 21 de noviembre.

2. d) 116.

3. a) Un Título Preliminar, siete Títulos, diez Disposiciones Adicionales, seis Disposiciones Transitorias, dos Disposiciones Derogatorias y dieciséis Disposiciones Finales.

4. a) El Sistema Nacional de Salud.

5. a) Las Áreas de Salud.

6. d) 43 de la Constitución Española.

7. d) Todas las respuestas son correctas.

8. b) No inferior a 200.000 habitantes ni superior a 250.000.

9. d) Baleares, Canarias, Ceuta y Melilla.

10. a) Un área de salud.

11. a) Consejo de salud de área.

12. c) La Administración sanitaria del área de salud.

13. a) El Consejo de dirección del área.

14. c) Al Gerente del área de salud.

15. d) Todas las respuestas son correctas.

16. b) Consejo de Salud de Área, Consejo de Dirección de Área y Gerente de Área.

17. c) 50 %.

18. c) El Consejo de Dirección del Área de Salud.

19. b) La Dirección del Servicio de Salud de la Comunidad Autónoma, a propuesta del Consejo de Dirección del Área.

20. c) El Gerente del Área de Salud.

La Ley 4/1994, de 26 de julio, de Salud de la Región de Murcia: planificación sanitaria; el mapa sanitario regional. El Servicio Murciano de Salud: órganos de dirección, participación y gestión

1. Es objeto de la Ley 4/1994, de 26 de julio, de Salud de la Región de Murcia:

a) La igualdad efectiva y corrección de los desequilibrios territoriales y sociales en las condiciones de acceso a los servicios sanitarios.
b) La regulación de todas las acciones que permitan hacer efectivos el derecho a la protección de la salud.
c) La mejora continuada de la calidad de la asistencia sanitaria.
d) El respeto y el reconocimiento de los derechos de los usuarios.

2. La universalización de la asistencia sanitaria para todos los residentes de derecho o de hecho en la Región de Murcia es:

a) El objeto de la Ley autonómica de Salud.
b) Un ideal inalcanzable.
c) Un principio informador de los servicios sanitarios autonómicos.
d) Un derecho contrario a la Constitución española.

3. El Plan de Salud es:

a) La expresión de la política de salud a desarrollar por las Administraciones Públicas en Murcia.
b) El documento que integra los presupuestos del Servicio Murciano de Salud.
c) El mapa que contiene las demarcaciones sanitarias de la Región de Murcia.
d) El pliego de derechos y deberes de los usuarios del sistema sanitario murciano.

4. Las demarcaciones territoriales en las que se ordena el mapa sanitario de la Región de Murcia se denominan:

a) Zonas básicas de salud.
b) Áreas de Salud.

c) Comarcas Sanitarias.
d) Distritos Sanitarios.

5. El órgano superior de gobierno del Área de Salud es:

a) El Gerente de Área.
b) El Consejo de Administración.
c) El Consejo de Salud de Área.
d) El Consejo de dirección.

6. El Presidente del Consejo de Dirección del Área de Salud en la Región de Murcia es:

a) El Director del Área.
b) El Director Gerente del Servicio de Salud.
c) El Consejero competente en materia de sanidad.
d) El Delegado de Salud y Consumo.

7. El marco territorial de la atención primaria de salud, dentro del cual desarrollará su actividad el equipo de atención primaria, es:

a) El Área de Salud.
b) La Zona básica de salud.
c) El Centro de Salud.
d) El Distrito Sanitario.

8. ¿Qué órgano administrativo de la Región de Murcia tiene como finalidad la ejecución de las competencias de administración y gestión de servicios, prestaciones y programas sanitarios que le sean atribuidas?

a) Área de Salud.
b) Servicio Murciano de Salud.
c) Consejería de Salud.
d) Zona básica de Salud.

9. Indica cuál de los siguientes es un órgano central del Servicio Murciano de Salud:

a) El Director Gerente.
b) El Consejo de Dirección.
c) El Consejo de Participación.
d) El Interventor Gerente.

10. ¿Cuál es el máximo órgano de dirección y administración del Servicio Murciano de Salud?

a) El Consejo de Dirección.
b) El Consejo de Administración.
c) El Consejo de Salud de la Región de Murcia.
d) La consejería competente en materia de sanidad.

11. ¿Cuántos representantes de la Comunidad Autónoma de Murcia pueden formar parte del Consejo de Administración del Servicio Murciano de Salud?

a) Tres.
b) Hasta cinco.
c) Hasta siete.
d) Hasta ocho.

12. Para la válida constitución del Consejo de Administración en primera convocatoria, se requerirá la presencia del Presidente, del Secretario y de:

a) Todos los vocales.
b) La mitad al menos de sus miembros.
c) Un tercio de sus miembros.
d) Tres cuartas partes de sus miembros, incluidos Presidente y Secretario.

13. ¿Cuál es el órgano superior consultivo y de participación ciudadana de la sanidad pública en la Región de Murcia?

a) El Consejo de Salud.
b) La Comisión Regional de Salud.
c) El Comité Murciano de Salud.
d) La Junta Regional de Salud.

14. ¿Cuántos representantes de la Federación Regional de Municipios forman parte del Consejo de Salud de la Región de Murcia?

a) Uno.
b) Dos.
c) Tres.
d) Cuatro.

15. ¿Cuántos representantes hay de la Administración de la Comunidad Autónoma de la Región de Murcia ante el Consejo de Salud de la Región de Murcia?

a) Uno.
b) Dos.
c) Tres.
d) Cuatro.

16. ¿Cuántos representantes de las Áreas de Salud hay en el Consejo de Salud de la Región de Murcia?

a) Uno.
b) Dos.

c) Uno por cada una de las áreas de salud.
d) Ninguno.

17. ¿Cuántos representantes de la Universidad de Murcia forman parte del Consejo de Salud de la Región de Murcia?

a) Uno.
b) Dos.
c) Tres.
d) Cuatro.

18. Señala una de las funciones propias del Consejo de Salud de la Región de Murcia:

a) Conocer e informar el anteproyecto de memoria anual del Servicio Murciano de Salud.
b) Proponer la adopción de cuantas medidas se consideren oportunas, dirigidas a la mejora de la salud de los ciudadanos y la prevención de la enfermedad.
c) Evaluar el cumplimiento de los fines y objetivos del Plan de Salud.
d) Todas las respuestas son correctas.

19. El Consejo de Salud de la Región de Murcia se reunirá con carácter ordinario:

a) Una vez al año.
b) Cada semestre.
c) Una vez cada cuatro meses.
d) Una vez al trimestre.

20. Dentro del Consejo de Salud de la Región de Murcia actuará como secretario un funcionario designado por:

a) El Presidente del Consejo.
b) El Presidente de la Región de Murcia.
c) El Director Gerente.
d) Ninguna respuesta es correcta.

En MADTEST tienes **más preguntas de este tema**, y todos tus avances quedan registrados y se reflejan en el ranking.

¡Supera tus límites con MADTEST!

Solución al test n.º 9

1. b) La regulación de todas las acciones que permitan hacer efectivos el derecho a la protección de la salud.

2. c) Un principio informador de los servicios sanitarios autonómicos.

3. a) La expresión de la política de salud a desarrollar por las Administraciones Públicas en Murcia.

4. b) Área de Salud.

5. d) El Consejo de dirección.

6. d) El Delegado de Salud y Consumo.

7. b) La Zona básica de salud.

8. b) Servicio Murciano de Salud.

9. a) El Director Gerente.

10. b) El Consejo de Administración.

11. d) Hasta ocho.

12. b) La mitad al menos de sus miembros.

13. a) El Consejo de Salud.

14. c) Tres.

15. d) Cuatro.

16. c) Uno por cada una de las áreas de salud.

17. a) Uno.

18. c) Evaluar el cumplimiento de los fines y objetivos del Plan de Salud.

19. c) Una vez cada cuatro meses.

20. a) El Presidente del Consejo.

Ley 16/2003, de 28 de mayo, de cohesión y calidad del Sistema Nacional de Salud: disposiciones generales. Catálogo de prestaciones y cartera de servicios del Sistema Nacional de Salud. Garantía de las prestaciones

1. ¿Qué capítulo de la Ley 16/2003, de 28 de mayo, de cohesión y calidad del Sistema Nacional de Salud, regula las prestaciones?

a) El capítulo I.
b) El capítulo II.
c) El capítulo III.
d) El capítulo IV.

2. ¿De cuántas secciones consta el capítulo I "De las prestaciones" de la Ley 16/2003, de 28 de mayo, de cohesión y calidad del Sistema Nacional de Salud?

a) De dos.
b) De tres.
c) De cuatro.
d) De cinco.

3. ¿Qué artículo del capítulo I "De las prestaciones" de la Ley 16/2003, de 28 de mayo, de cohesión y calidad del Sistema Nacional de Salud, regula el catálogo de prestaciones del Sistema Nacional de Salud?

a) El artículo 5.
b) El artículo 6.
c) El artículo 7.
d) El artículo 8.

4. ¿Qué cartera del Sistema Nacional de Salud incluye la prestación ortoprotésica?

a) La cartera común básica de servicios asistenciales.
b) La cartera común de servicios de prevención.
c) La cartera común suplementaria.
d) La cartera común de servicios accesorios.

5. ¿Cuáles de los servicios o conjunto de servicios son considerados prestaciones de atención sanitaria del Sistema Nacional de Salud?

a) Los servicios rehabilitadores.
b) Los servicios diagnósticos.
c) Los servicios terapéuticos.
d) Todas las respuestas son correctas.

6. ¿De acuerdo con qué norma dispone el artículo 7.2 de la Ley 16/2003, de 28 de mayo, las personas que reciban prestaciones de atención sanitaria tendrán derecho a la información y documentación sanitaria y asistencial?

a) De acuerdo con la Constitución española.
b) De acuerdo con la Ley 41/2002, de 14 de noviembre.
c) De acuerdo con el Real Decreto Legislativo 8/2015, de 30 de octubre.
d) De acuerdo con el Real Decreto 1030/2006, de 15 de septiembre.

7. ¿Cómo denomina la Ley 16/2003, de 28 de mayo, al conjunto de técnicas, tecnologías o procedimientos, entendiendo por tales cada uno de los métodos, actividades y recursos basados en el conocimiento y experimentación científica, mediante los que se hacen efectivas las prestaciones sanitarias?

a) Cartera general de servicios del Sistema Nacional de Salud.
b) Cartera única de servicios del Sistema Nacional de Salud.
c) Cartera universal de servicios del Sistema Nacional de Salud.
d) Cartera común de servicios del Sistema Nacional de Salud.

8. ¿Dónde dispone el artículo 8.3 de la Ley 16/2003, de 28 de mayo, de cohesión y calidad del Sistema Nacional de Salud, que se acordará la cartera común de servicios del Sistema Nacional de Salud?

a) En la Dirección General de Salud Pública, Calidad e Innovación.
b) En la Secretaría General de Salud Digital, Información e Innovación del SNS.
c) En el Consejo Interterritorial del Sistema Nacional de Salud.
d) En el Consejo Asesor de Sanidad y Servicios Sociales.

9. ¿Qué artículo del capítulo I "De las prestaciones" de la Ley 16/2003, de 28 de mayo, de cohesión y calidad del Sistema Nacional de Salud, regula la cartera común de servicios del Sistema Nacional de Salud?

a) El artículo 8.
b) El artículo 9.
c) El artículo 10.
d) El artículo 12.

10. Las atenciones y servicios específicos relativos a la infancia, se prestarán por:

a) La atención especializada.
b) La atención básica.
c) La atención primaria.
d) La atención especial.

11. ¿A quién encomienda la Ley 16/2003, de 28 de mayo, realizar una evaluación de los costes de aplicación de la cartera común de servicios del Sistema Nacional de Salud?

a) Al Gobierno.
b) Al Ministerio de Sanidad.
c) Al Consejo Interterritorial del Sistema Nacional de Salud.
d) Al Ministerio de Hacienda.

12. ¿Con qué frecuencia realiza el Ministerio de Sanidad una evaluación de los costes de aplicación de la cartera común de servicios del Sistema Nacional de Salud?

a) Cada cuatro años.
b) Cada dos años.
c) Anualmente.
d) Semestralmente.

13. ¿En torno a qué modalidades se articula la cartera común de servicios del Sistema Nacional de Salud?

a) Cartera común suplementaria del Sistema Nacional de Salud.
b) Cartera común básica de servicios asistenciales del Sistema Nacional de Salud.
c) Cartera común de servicios accesorios del Sistema Nacional de Salud.
d) Todas las respuestas son correctas.

14. ¿Qué cartera del Sistema Nacional de Salud comprende todas las actividades asistenciales de prevención, diagnóstico, tratamiento y rehabilitación que se realicen en centros sanitarios o sociosanitarios, así como el transporte sanitario urgente, cubiertos de forma completa por financiación pública?

a) La cartera común básica de servicios asistenciales.
b) La cartera común de servicios de prevención.

c) La cartera común suplementaria.
d) La cartera común de servicios accesorios.

15. ¿Qué cartera del Sistema Nacional de Salud incluye todas aquellas prestaciones cuya provisión se realiza mediante dispensación ambulatoria y están sujetas a aportación del usuario?

a) La cartera común básica de servicios asistenciales.
b) La cartera común de servicios de prevención.
c) La cartera común suplementaria.
d) La cartera común de servicios accesorios.

16. ¿Qué cartera del Sistema Nacional de Salud incluye la prestación con productos dietéticos?

a) La cartera común básica de servicios asistenciales.
b) La cartera común de servicios de prevención.
c) La cartera común suplementaria.
d) La cartera común de servicios accesorios.

17. ¿Qué cartera del Sistema Nacional de Salud incluye la prestación farmacéutica?

a) La cartera común básica de servicios asistenciales.
b) La cartera común de servicios de prevención.
c) La cartera común suplementaria.
d) La cartera común de servicios accesorios.

18. A tenor del artículo 7 de la Ley 16/2003, de 28 de mayo, de cohesión y calidad del Sistema Nacional de Salud, el catálogo de prestaciones del Sistema Nacional de Salud tiene por objeto:

a) Garantizar las condiciones básicas y comunes para una atención universal, continuada, igualitaria y de calidad.
b) Garantizar las condiciones básicas y comunes para una atención universal, continuada y de calidad.
c) Garantizar las condiciones básicas y comunes para una atención universal, continuada y en el nivel adecuado de atención.
d) Garantizar las condiciones básicas y comunes para una atención integral, continuada y en el nivel adecuado de atención.

19. ¿Qué cartera del Sistema Nacional de Salud incluye el transporte sanitario no urgente, sujeto a prescripción facultativa, por razones clínicas y con un nivel de aportación del usuario acorde al determinado para la prestación farmacéutica?

a) La cartera común básica de servicios asistenciales.
b) La cartera común de servicios de prevención.

c) La cartera común suplementaria.

d) La cartera común de servicios accesorios.

20. ¿Qué cartera del Sistema Nacional de Salud incluye todas aquellas actividades, servicios o técnicas, sin carácter de prestación, que no se consideran esenciales y/o que son coadyuvantes o de apoyo para la mejora de una patología de carácter crónico, estando sujetas a aportación y/o reembolso por parte del usuario?

a) La cartera común básica de servicios asistenciales.

b) La cartera común de servicios de prevención.

c) La cartera común suplementaria.

d) La cartera común de servicios accesorios.

En MADTEST tienes **más preguntas de este tema**, y todos tus avances quedan registrados y se reflejan en el ranking.

¡Supera tus límites con MADTEST!

Solución al test n.º 10

1. a) El capítulo I.

2. b) De tres.

3. c) El artículo 7.

4. c) La cartera común suplementaria.

5. d) Todas las respuestas son correctas.

6. b) De acuerdo con la Ley 41/2002, de 14 de noviembre.

7. d) Cartera común de servicios del Sistema Nacional de Salud.

8. c) En el Consejo Interterritorial del Sistema Nacional de Salud.

9. a) El artículo 8.

10. c) La atención primaria.

11. b) Al Ministerio de Sanidad.

12. c) Anualmente.

13. d) Todas las respuestas son correctas.

14. a) La cartera común básica de servicios asistenciales.

15. c) La cartera común suplementaria.

16. c) La cartera común suplementaria.

17. c) La cartera común suplementaria.

18. d) Garantizar las condiciones básicas y comunes para una atención integral, continuada y en el nivel adecuado de atención.

19. c) La cartera común suplementaria.

20. d) La cartera común de servicios accesorios.

TEST N.º 11

El Decreto 53/1989, de 1 de junio, por el que se aprueba el Reglamento General de funcionamiento de los Equipos de Atención Primaria de la Comunidad Autónoma de Murcia: funciones y organización del Equipo de Atención Primaria. Real Decreto 137/1984, de 11 de enero, sobre estructuras básicas de salud

1. Es el conjunto de profesionales sanitarios y no sanitarios cuyo ámbito territorial principal de actuación es la Zona Básica de Salud y con localización física principal en el Centro de Salud:

a) La plantilla de Área.
b) La bolsa sanitaria.
c) El equipo de atención primaria.
d) El equipo de coordinación sanitaria.

2. Los Equipos de Atención Primaria son elementos organizativos de carácter y estructura:

a) Jerarquizados.
b) Independientes.
c) Abiertos.
d) Plenarias.

3. Las normas de organización y funcionamiento de los equipos de atención primaria de salud de la Región de Murcia, se establecerán:

a) Por una ley estatal.
b) Por una ley de la Comunidad Autónoma.
c) Por el Consejo de Gobierno de la Comunidad de Murcia, a propuesta del Consejero de Salud.
d) Por la Consejería de Sanidad.

4. Los Equipos de Atención Primaria son elementos organizativos de carácter y estructura jerarquizados, bajo la dirección de:

a) El director de centro.
b) El Consejo de Salud.
c) El director de Área.
d) Un coordinador médico.

5. El Equipo de Atención Primaria tiene como ámbito territorial de actuación:

a) El Área de Salud.
b) La Zona de Salud.
c) La provincia.
d) El Centro de Salud.

6. Según el artículo 26 de la Ley 4/1994, de 26 de julio, de Salud de la Región de Murcia, el equipo de atención primaria de salud es el conjunto de profesionales que realizan en una zona básica de salud las actuaciones relativas a la promoción de la salud, prevención de la enfermedad, educación sanitaria, curación, rehabilitación e investigación de la salud individual y colectiva de la población y aquellas otras que le sean conferidas por las disposiciones vigentes, de forma coordinada, integral y:

a) Permanente.
b) Profesional.
c) Controlada.
d) Colectiva.

7. El trabajo del Equipo de Atención Primaria se fundamentará en el establecimiento de objetivos comunes para todos sus miembros, y en la exigencia de programas de Salud con funciones definidas y delimitadas para cada integrante, participando de forma coordinada en la toma de decisiones y en:

a) La planificación del Centro.
b) La gestión de los recursos.
c) La evaluación de los mismos.
d) La responsabilidad solidaria.

8. Según el artículo 4 del Decreto 53/1989, de 1 de junio de 1989, por el que se aprueba el Reglamento general de Funcionamiento de los Equipos de Atención Primaria de la Comunidad Autónoma de Murcia, son Unidades de Apoyo a los Equipos de Atención Primaria:

a) Trabajadores sociales.
b) El personal necesario para desempeñar las tareas de administración, información y mantenimiento.

c) Farmacéuticos y veterinarios.

d) Médicos y Practicantes titulares pertenecientes a los Cuerpos de Sanitarios Locales.

9. Según el artículo 4 del Decreto 53/1989, qué profesionales titulares radicados en la Zona colaborarán con el equipo, de acuerdo a criterios operativos y fórmulas flexibles, pudiendo en la medida que las necesidades lo exijan ser integrados en el equipo en la forma que se determine:

a) Ayudantes Técnicos Sanitarios o Diplomados en Enfermería.

b) Médicos y Practicantes.

c) Farmacéuticos y Veterinarios.

d) Matronas y Fisioterapeutas.

10. Según el Decreto 53/1989, como ámbito en el que se desenvuelven las personas, el Equipo de Atención Primaria (EAP) prestará atención directa a:

a) Al medio ambiente.

b) A la comunidad.

c) Al municipio.

d) A las familias.

11. Señala la opción incorrecta. Según el Decreto 53/1989, las consultas mediante las que el EAP presta atención directa a las personas, pueden ser:

a) De urgencias.

b) Domiciliaria.

c) A demanda.

d) Telefónicas.

12. ¿Qué Área de trabajo del Equipo de Atención Primaria será responsable de coordinar las actividades que se dirijan directamente a la atención de las personas o al medio ambiente en que éstas se desenvuelven?

a) Área Docente y de Investigación.

b) Área Administrativa.

c) Área de Mantenimiento.

d) Área de Atención Directa.

13. El Área de Atención Directa del EAP estará constituida por:

a) Médicos y Enfermeros.

b) Los responsables de los Programas de Salud y por Trabajador Social adscrito al Centro.

c) Personal administrativo, auxiliares de enfermería y celadores del Equipo.

d) Auxiliares de Enfermería, y personal no Sanitario de la Seguridad Social incorporados al EAP de acuerdo con la legislación vigente.

14. ¿Cuál de las siguientes es una tarea propia del Coordinador del EAP?

a) Organizar y coordinar las actividades del personal de Enfermería supervisando su ejecución y evaluándolas de forma continuada.

b) Desempeñar las actividades médicas de promoción, prevención rehabilitación establecidas en los programas de salud y su registro oportuno.

c) Certificar las situaciones clínicas cuya demanda sea justificada.

d) Ostentar la responsabilidad técnico-sanitaria e inspectora en la Zona de Salud en representación del Equipo.

15. ¿Cuál de las siguientes es una tarea propia del Coordinador de Enfermería del EAP?

a) Asumir la representación oficial del Equipo y del Centro.

b) Mantener la coordinación necesaria con los restantes Servicios Sanitarios y Sociales de la respectiva Zona y Área de Salud.

c) Asegurar la participación del personal de enfermería en los programas de Salud, protocolos, actividades docentes y de investigación.

d) Control de enfermería de pacientes crónicos encarnados o con dificultad de acceso a los Centros Sanitarios.

16. ¿Cuál de las siguientes es una tarea propia del personal médico del EAP?

a) Redactar los informes o memorias de actividades y resultados con la forma y periodicidad que se determine.

b) Cumplimentar la Historia Clínica del Paciente de acuerdo con las normas establecidas.

c) La preparación de las consultas programadas: historia clínica, material, libro de citación.

d) El control y seguimiento de la reinserción de enfermos crónicos en la comunidad. El diseño y la participación activa en los programas de reinserción social.

17. Según el Reglamento General de funcionamiento de los Equipos de Atención Primaria de la Región de Murcia (Decreto 53/1989, de 1 de junio) serán unidades de apoyo a los Equipos de Atención Primaria:

a) Unidades de Salud Mental.

b) Centros de Orientación Familiar.

c) Unidades de Salud Bucodental.

d) Todas son ciertas.

18. Por cuánto tiempo se designa al responsable de Enfermería de Equipo de Atención Primaria que ha accedido al puesto por el procedimiento del artículo 46bis de la Ley 5/2001:

a) Dos años.

b) Tres años.

c) Cuatro años.
d) Cinco años.

19. La jornada ordinaria de trabajo en todos los EAP del Servicio Murciano de Salud que únicamente desarrollen su actividad ordinaria en horario de mañana, es:

a) De 8 a 14 horas, de lunes a sábado.
b) De 8,30 a 14,30, de lunes a viernes.
c) De 8 a 15 horas de lunes a viernes.
d) De 8 a 15 horas de lunes a sábado.

20. En relación a la jornada complementaria en los EAP del Servicio Murciano de Salud, es cierto que:

a) La modalidad A, que se desarrollará en un horario distinto al de la jornada ordinaria, consistirá en actividades educativas y asistenciales.
b) La modalidad A se llevará a cabo únicamente por médicos de familia y enfermeros.
c) La modalidad B se llevará a cabo por médicos de familia, pediatras, matronas y enfermeros.
d) La modalidad B ha de realizarse fuera del propio centro sanitario.

En MADTEST tienes **más preguntas de este tema**, y todos tus avances quedan registrados y se reflejan en el ranking.

¡Supera tus límites con MADTEST!

Solución al test n.º 11

1. c) El equipo de atención primaria.

2. a) Jerarquizados.

3. c) Por el Consejo de Gobierno de la Comunidad de Murcia, a propuesta del Consejero de Salud.

4. d) Un coordinador médico.

5. b) La Zona de Salud.

6. a) Permanente.

7. c) La evaluación de los mismos.

8. a) Trabajadores sociales.

9. c) Farmacéuticos y Veterinarios.

10. a) Al medio ambiente.

11. d) Telefónicas.

12. d) Área de Atención Directa.

13. b) Los responsables de los Programas de Salud y por Trabajador Social adscrito al Centro.

14. d) Ostentar la responsabilidad técnico-sanitaria e inspectora en la Zona de Salud en representación del Equipo.

15. c) Asegurar la participación del personal de enfermería en los programas de Salud, protocolos, actividades docentes y de investigación.

16. b) Cumplimentar la Historia Clínica del Paciente de acuerdo con las normas establecidas.

17. d) Todas son ciertas.

18. c) Cuatro años.

19. c) De 8 a 15 horas de lunes a viernes.

20. a) La modalidad A, que se desarrollará en un horario distinto al de la jornada ordinaria, consistirá en actividades educativas y asistenciales.

El Reglamento de estructura, organización y funcionamiento de los hospitales aprobado por el Real Decreto 521/1987, de 15 de abril: disposiciones generales; estructura y órganos de dirección

1. ¿Cuál es la estructura física fundamental de la Atención Especializada?

a) El Centro de Salud.
b) El Ambulatorio.
c) El Consultorio.
d) El Hospital.

2. Uno de los objetivos de la Atención Especializada es:

a) Prestar asistencia ambulatoria especializada.
b) Posibilitar la hospitalización de los pacientes que lo precisen.
c) Poner sus Centros e Instituciones a disposición de la investigación y docencia en materia de salud.
d) Todas las respuestas son correctas.

3. Conforme a lo establecido en el artículo 65 de la LGS, los hospitales quedan adscritos a:

a) Un Distrito Sanitario.
b) Una Zona de Salud.
c) Un Área de Salud.
d) Una Demarcación Médica.

4. Los Servicios jerarquizados de Especialidades que por sus características deban prestar asistencia sanitaria a más de un Área de Salud se denominan:

a) Servicios de referencia.
b) Servicios comunes.
c) Servicios de área.
d) Servicios base.

5. El acceso a los servicios hospitalarios se efectuará una vez que las posibilidades de diagnóstico y tratamiento de los servicios de atención primaria hayan sido superadas, salvo:

a) Que así lo autorice expresamente la dirección del centro.
b) En los casos de fuerza mayor.
c) En los casos de urgencia vital.
d) No caben excepciones a esta norma.

6. Los servicios y actividades de los hospitales se agrupan en las siguientes Divisiones:

a) Gerencia, División Médica, División de Enfermería y División de Gestión y Servicios Generales.
b) Secretaría, División Médica, División de Enfermería y División de Gestión.
c) Secretaría, División Técnica, División Médica y División de Enfermería.
d) Gerencia, Secretaría, División Médica y División de Gestión y Servicios Generales.

7. ¿Cuál es el órgano unipersonal de dirección y gestión de cada División?

a) El Director Técnico General de la División.
b) El Director de la División.
c) El Gerente.
d) El Secretario.

8. ¿De quién dependen orgánica y funcionalmente los Directores de las Divisiones Médica, de Enfermería y de Gestión y de Servicios Generales?

a) Del Director Gerente.
b) Del Secretario General.
c) Del Director Médico del Área de Salud.
d) Del Subdirector Técnico General.

9. ¿A quién corresponde la representación del hospital y la superior autoridad y responsabilidad dentro del mismo?

a) Al Director Gerente.
b) Al Director Médico.
c) Al Director de Gestión y Personal.
d) Al Director de Enfermería.

10. ¿Cuál de las siguientes áreas de actividad no queda adscrita a la Gerencia del hospital?

a) Control de gestión.
b) Admisión.

c) Recepción e información.
d) Estadística.

11. ¿A quién corresponde asegurar el desarrollo del Programa de Actividad y Control Asistencial, así como la organización de la docencia e investigación de Enfermería?

a) Al Director Gerente.
b) Al Director Médico.
c) Al Director de Enfermería.
d) Al Director de Gestión y Personal.

12. Corresponde al Director de Gestión y Servicios Generales el ejercicio de la siguiente función:

a) Desarrollar las funciones de gestión de personal.
b) Asegurar el desarrollo del Programa de Actividad y Control Asistencial, así como la organización de la docencia e investigación de Enfermería.
c) Definir y desarrollar los objetivos de la Enfermería del Hospital y Centros adscritos.
d) Todas las respuestas son correctas.

13. ¿A qué División queda adscrita el área de orden interno y seguridad y obras y mantenimiento?

a) A la División de Gestión y Servicios Generales.
b) A la División de Enfermería.
c) A la División Médica.
d) A la Gerencia.

14. ¿Quién preside la Comisión de Dirección en los hospitales en los que no existe Director Gerente?

a) El Director de Enfermería.
b) El Director Médico.
c) El Director de Personal.
d) El Subdirector Gerente.

15. ¿Con qué periodicidad se reúne la Comisión de Dirección?

a) Anualmente.
b) Semestralmente.
c) Trimestralmente.
d) Semanalmente.

16. ¿Cuál es el órgano colegiado de asesoramiento de la Comisión de Dirección del hospital, en lo relativo a actividad asistencial, así como de participación de los profesionales en el mecanismo de toma de decisiones que afecten a sus actividades?

a) La Comisión de Bienestar Social.
b) La Junta Técnico-Asistencial.
c) La Comisión Central de Garantía de la Calidad.
d) El Consejo Nacional de Asistencia Sanitaria.

17. ¿Cuántas veces al año se reúne como mínimo la Junta Técnico-Asistencial?

a) Seis veces al año.
b) Cinco veces al año.
c) Tres veces al año.
d) Dos veces al año.

18. Señala la respuesta correcta respecto a la Comisión Central de Garantía de la Calidad:

a) Los miembros de las Comisiones Clínicas no deben superar el número de seis.
b) Los miembros de las Comisiones Clínicas serán nombrados por la Junta Técnico-Asistencial, a propuesta de la Dirección Médica.
c) Es el organismo técnico de elaboración y trabajo en las áreas de Calidad Asistencial y Adecuación Tecnológica.
d) Actúa como órgano de asesoramiento temporal a la Dirección Médica y a la Junta Técnico-Asistencial.

19. ¿Cuántos vocales en representación de los órganos de participación social integran la Comisión de Bienestar Social?

a) Ocho.
b) Seis.
c) Cinco.
d) Tres.

20. Los responsables de las unidades asistenciales con rango inferior al de Servicio tienen la denominación de:

a) Supervisores.
b) Encargados de Sección.
c) Jefes de Sección.
d) Delegados de División.

En MADTEST tienes **más preguntas de este tema**, y todos tus avances quedan registrados y se reflejan en el ranking.

¡Supera tus límites con MADTEST!

Solución al test n.º 12

1. d) El Hospital.

2. d) Todas las respuestas son correctas.

3. c) Un Área de Salud.

4. a) Servicios de referencia.

5. c) En los casos de urgencia vital.

6. a) Gerencia, División Médica, División de Enfermería y División de Gestión y Servicios Generales.

7. b) El Director de la División.

8. a) Del Director Gerente.

9. a) Al Director Gerente.

10. d) Estadística.

11. c) Al Director de Enfermería.

12. a) Desarrollar las funciones de gestión de personal.

13. a) A la División de Gestión y Servicios Generales.

14. b) El Director Médico.

15. d) Semanalmente.

16. b) La Junta Técnico-Asistencial.

17. a) Seis veces al año.

18. c) Es el organismo técnico de elaboración y trabajo en las áreas de Calidad Asistencial y Adecuación Tecnológica.

19. a) Ocho.

20. c) Jefes de Sección.

Ley 3/2009, de 11 de mayo, de los derechos y deberes de los usuarios del Sistema Sanitario de la Región de Murcia: derechos relacionados con la atención y asistencia sanitaria; derechos en relación a la intimidad y a la confidencialidad; derechos en materia de información y participación sanitaria; derechos relativos a la autonomía de la decisión; derechos en materia de documentación sanitaria; deberes

1. Para la promoción y defensa de los derechos y deberes contenidos en la Ley 3/2009, de 11 de mayo, de los Derechos y Deberes de los Usuarios del Sistema Sanitario de la Región de Murcia, la Consejería competente en materia de Sanidad desarrollará diferentes líneas de actuación y protección que favorezcan su garantía. Señala cuál de las siguientes no es correcta:

a) Calidad de los servicios sanitarios.
b) Régimen sancionador.
c) Ética asistencial.
d) Inversión tecnológica.

2. Entre los principios rectores que deben informar e inspirar el conjunto de actuaciones destinadas a los usuarios y pacientes en el ámbito de la salud y servir de criterio de interpretación en la aplicación y desarrollo de la Ley 3/2009, se encuentra el derecho a recibir un trato humano, respetuoso y adecuado a sus condiciones personales y ....

a) Psicológicas.
b) Ambientales.
c) De comprensión.
d) Colectivas.

3. Los ciudadanos tienen derecho a salvaguardar su privacidad e intimidad en el ámbito de las actuaciones sanitarias. En este sentido, las atenciones sanitarias que se presten en los centros sanitarios, tales como, exploraciones, actividades de higiene o de cuidado personal, deben procurar el respeto de la persona y de su ....

a) Intimidad corporal.
b) Reputación.

c) Religión.
d) Entorno más cercano.

4. Los datos relativos a la salud de las personas tienen carácter:

a) Anónimo.
b) Público.
c) Confidencial.
d) Personal.

5. Todas aquellas personas que, por razón de sus funciones, tengan acceso a información confidencial, están obligadas:

a) A prestar juramento de protección de datos.
b) A superar pruebas psicológicas periódicamente.
c) A la declaración de transparencia.
d) Al secreto profesional.

6. ¿Quién es el titular del derecho a la información asistencial?

a) El Facultativo.
b) El Centro.
c) La Consejería de Sanidad.
d) El paciente.

7. Los menores recibirán la información asistencial adaptada a su grado de madurez y, en todo caso, se informará a los mayores de: (a partir de)

a) 12 años.
b) 14 años.
c) 15 años.
d) 16 años.

8. Con carácter general, el consentimiento informado será:

a) Por escrito.
b) Grabado en vídeo.
c) Verbal.
d) Grabado en audio.

9. A efectos de consentimiento informado por sustitución, tendrá preferencia el cónyuge no separado legalmente o con quien mantenga una unión de hecho acreditada; en su defecto, el pariente de grado más próximo y dentro del mismo grado:

a) El de mayor edad.
b) La madre.

c) El padre.

d) El más cercano en edad al paciente.

10. De no existir procedimientos alternativos disponibles en el centro o de rechazarse todos ellos, se propondrá al paciente:

a) Tratamientos experimentales.

b) Tratamientos homeopáticos.

c) La firma del alta voluntaria.

d) La atención domiciliaria.

11. El documento por el que una persona mayor de edad, capaz y libre, manifiesta anticipadamente su voluntad, con objeto de que ésta se cumpla en el momento en que llegue a situaciones en cuyas circunstancias no sea capaz de expresarlos personalmente, sobre los cuidados y el tratamiento de su salud o, una vez llegado el fallecimiento, sobre el destino de su cuerpo o de los órganos del mismo, se conoce como:

a) Testamento sanitario.

b) Instrucciones previas.

c) Consentimiento informado.

d) Legado vital.

12. El conjunto de documentos sanitarios en los que se recoge toda la información clínica de un paciente, que se va generando en los diferentes procesos asistenciales del usuario, es:

a) El expediente electrónico.

b) El testamento vital.

c) La certificación médica.

d) La historia clínica.

13. Según la Ley 3/2009, los usuarios del sistema de salud de la Región de Murcia tienen la obligación de facilitar a los profesionales sanitarios los datos sobre su estado físico o sobre su salud de manera:

a) Leal y verdadera.

b) Clara y concisa.

c) Detallada y documentada.

d) Segura y auténtica.

14. Según la Ley 3/2009, los usuarios del sistema de salud de la Región de Murcia tienen el derecho a recibir las prestaciones sanitarias con las garantías de:

a) Confidencialidad y secreto profesional.

b) Seguridad y calidad.

c) Modernidad y bienestar.
d) Responsabilidad y compromiso.

15. Según el artículo 5 del Decreto 25/2006, de 31 de marzo, por el que se desarrolla la normativa básica estatal en materia de información sobre listas de espera y se establecen las medidas necesarias para garantizar un tiempo máximo de acceso a las prestaciones del sistema sanitario público de la Región de Murcia, el plazo máximo para el acceso a primeras consultas externas es de:

a) 20 días naturales.
b) 30 días naturales.
c) 50 días naturales.
d) 80 días naturales.

16. El documento de instrucciones previas se formalizará por escrito, mediante los siguientes procedimientos. Señala la opción incorrecta:

a) Ante Notario.
b) Ante tres testigos mayores de edad con plena capacidad de obrar.
c) Ante funcionario o empleado público encargado del Registro de Instrucciones Previas de la Región de Murcia.
d) Ante el Facultativo que tenga asignado en Atención Primaria.

17. ¿Qué derecho se estableció como garantía del cumplimiento del derecho a conocer, con motivo de cualquier actuación en el ámbito de su salud, toda la información disponible sobre la misma?

a) Derecho a que se le asigne un médico, cuyo nombre se le dará a conocer, que será su interlocutor principal con el equipo asistencial.
b) Derecho a participar, a través de las instituciones comunitarias, en las actividades sanitarias.
c) Derecho a ser advertido de si los procedimientos de pronóstico, diagnóstico y terapéuticos que se le apliquen pueden ser utilizados en función de un proyecto docente o de investigación, que, en ningún caso, podrá comportar peligro adicional para su salud.
d) Derecho al respeto a su personalidad, dignidad humana e intimidad, sin que pueda ser discriminado por su origen racial o étnico, por razón de género y orientación sexual, de discapacidad o de cualquier otra circunstancia personal o social.

18. Los usuarios del sistema sanitario público de la Región de Murcia, de conformidad con lo dispuesto en la Ley 3/2009 y en las normas de desarrollo, tienen reconocidos en materia de atención y asistencia sanitaria el derecho a participar en la toma de decisiones terapéuticas que afecten a su persona, especialmente ante situaciones en las que existan diferentes alternativas de tratamiento basadas en la evidencia científica, de manera:

a) Programada.
b) Decisiva.

c) Activa e informada.
d) Presencial y colaborativa.

19. Conforme a la Ley 3/2009, se reconoce en particular a los recién nacidos el derecho a la identidad sanitaria desde el momento de su nacimiento, como sujetos de la asistencia:

a) Salvo por razones médicamente justificadas.
b) Salvo si hay sospecha de que no supere las 48 horas de vida.
c) Cuando la madre está en situación de riesgo de exclusión social.
d) Con apertura de historia clínica.

20. ¿Cuál es el máximo órgano consultivo y de participación ciudadana de la sanidad pública en la Región de Murcia?

a) El Consejo de Salud de la Región de Murcia.
b) La Plataforma Ciudadana de usuarios del sistema de salud de la Región de Murcia.
c) La Comisión Asesora del Servicio Murciano de Salud.
d) El Consejo Consultivo Sanitario de la Región de Murcia.

En MADTEST tienes **más preguntas de este tema**, y todos tus avances quedan registrados y se reflejan en el ranking.

¡Supera tus límites con MADTEST!

Solución al test n.º 13

1. d) Inversión tecnológica.

2. c) De comprensión.

3. a) Intimidad corporal.

4. c) Confidencial.

5. d) Al secreto profesional.

6. d) El paciente.

7. a) 12 años.

8. c) Verbal.

9. a) El de mayor edad.

10. c) La firma del alta voluntario.

11. b) Instrucciones previas.

12. d) La historia clínica.

13. a) Leal y verdadera.

14. b) Seguridad y calidad.

15. c) 50 días naturales.

16. d) Ante el Facultativo que tenga asignado en Atención Primaria.

17. a) Derecho a que se le asigne un médico, cuyo nombre se le dará a conocer, que será su interlocutor principal con el equipo asistencial.

18. c) Activa e informada.

19. d) Con apertura de historia clínica.

20. a) El Consejo de Salud de la Región de Murcia.

La Ley 5/2001, de 5 de diciembre, de personal estatutario del Servicio Murciano de Salud: órganos superiores de dirección y gestión del personal estatutario. Jornada de trabajo. Provisión de plazas

1. La Ley 5/2001, de 5 de diciembre, es de aplicación:

a) Al personal laboral vinculado al Servicio Murciano de Salud.
b) A los funcionarios públicos vinculados al Servicio Murciano de Salud
c) Al personal estatutario del Servicio Murciano de Salud.
d) Todas las anteriores son correctas.

2. Como garantía de la independencia en la prestación de servicios, la ordenación del régimen del personal estatutario del Servicio Murciano de Salud se somete al principio de:

a) Igualdad, mérito, capacidad y publicidad.
b) Incompatibilidad y objetividad en el ejercicio profesional.
c) Libre circulación del personal estatutario fijo.
d) Inamovilidad en la relación de servicio.

3. Un principio rector del acceso a la condición de personal estatutario del Servicio Murciano de Salud, es la igualdad, mérito, capacidad y:

a) Publicidad.
b) Transparencia.
c) Confidencialidad.
d) Experiencia.

4. Según la Ley 5/2001, el principio rector en la planificación y utilización de los recursos, es:

a) La calidad.
b) La eficiencia.
c) La transparencia.
d) La negociación.

5. Según el artículo 3 de la Ley 5/2001, un principio rector del régimen del personal estatutario del Servicio Murciano de Salud, para garantizar la imparcialidad en el desempeño de sus funciones, es la .... y objetividad en el ejercicio profesional. Qué palabra falta en la frase anterior:

a) Inamovilidad en la relación de servicio.
b) La independencia.
c) La despolitización.
d) La incompatibilidad.

6. Según el art. 4 de la Ley 5/2001, de 5 de diciembre de personal estatutario del Servicio Murciano de Salud, tienen la condición de órganos superiores de dirección y gestión del personal estatutario del Servicio Murciano de Salud:

a) El Consejo de Gobierno de la Comunidad Autónoma de la Región de Murcia, el Consejo de Administración y el Director Gerente.
b) El Consejo de Dirección y el Director Gerente del Servicio Murciano de Salud.
c) El Consejo de Salud, el Consejo de Administración y el Director Gerente.
d) El Consejo de Dirección, el Consejo de Administración y el Director Gerente.

7. ¿Qué órgano dirige la política general del personal estatutario del Servicio Murciano de Salud?

a) El Consejo de Gobierno.
b) El consejero de Sanidad.
c) El Consejo de Administración del Servicio Murciano de Salud.
d) El Director Gerente del Servicio Murciano de Salud.

8. ¿Cuántos Vicepresidentes puede tener el Consejo de Administración del Servicio Murciano de Salud?

a) Sólo uno.
b) Hasta dos.
c) Uno por cada Área de Salud.
d) Tres, como máximo.

9. ¿Cuántos representantes de la Comunidad Autónoma de Murcia puede haber en el Consejo de Administración del Servicio Murciano de Salud?

a) Uno por cada Área de Salud.
b) Hasta dos.
c) Entre 5 y 10.
d) Hasta 8.

10. ¿Quién aprueba los proyectos de ley y los reglamentos en materia de personal estatutario del Servicio Murciano de Salud?

a) La Asamblea Regional.
b) El Consejo de Gobierno.
c) La Consejería de Sanidad.
d) El Consejo de Administración del Servicio Murciano de Salud.

11. ¿Quién aprueba la oferta de empleo público para personal estatutario del Servicio Murciano de Salud?

a) La Asamblea Regional.
b) El Consejo de Gobierno.
c) La Consejería de Sanidad.
d) El Consejo de Administración del Servicio Murciano de Salud.

12. No es una función del Consejo de Administración del Servicio Murciano de Salud:

a) Aprobar las directrices administrativas por las que deban regirse los órganos de dirección y las distintas unidades que componen el Servicio Murciano de Salud.
b) Aprobar las medidas que garanticen los servicios mínimos en los casos de huelga en los centros dependientes del Servicio Murciano de Salud.
c) El establecimiento de las instrucciones para la negociación de las condiciones de trabajo del personal estatutario del Servicio Murciano de Salud.
d) Aprobar los planes de ordenación de recursos humanos.

13. ¿Quién nombra al Director Gerente del Servicio Murciano de Salud?

a) La Asamblea Regional.
b) El Consejo de Gobierno.
c) El Consejero de Sanidad.
d) El Consejo de Administración del Servicio Murciano de Salud.

14. ¿A quién corresponde la elaboración de la oferta de empleo público del Servicio Murciano de Salud?

a) Al Director Gerente del Servicio Murciano de Salud.
b) Al Consejo de Gobierno.
c) A la Consejería de Sanidad.
d) Al Consejo de Administración del Servicio Murciano de Salud.

15. No es función del Director Gerente del Servicio Murciano de Salud:

a) Fijar la jornada y horario del personal, previo conocimiento y audiencia de la Junta de Personal.
b) Declarar al personal estatutario, en la situación administrativa correspondiente.
c) Resolver los expedientes sobre reconocimiento de compatibilidad.
d) Resolver los expedientes disciplinarios que impliquen separación del servicio.

16. ¿Cuál es el órgano ejecutivo del Servicio Murciano de Salud?

a) El Consejo de Administración.
b) La Junta de Gobierno.
c) El Director Gerente.
d) El Presidente del Consejo de Administración.

17. Según el Decreto 148/2002 de 27 de diciembre, no es función del Consejo de Administración del Servicio Murciano de Salud:

a) Aprobar la oferta de empleo público del Servicio Murciano de Salud.
b) Aprobar los trámites de ordenación de los puestos de trabajo de los distintos centros y de las unidades organizativas.
c) Aprobar el anteproyecto de presupuesto del Servicio Murciano de Salud.
d) Desarrollar la política sanitaria definida en el Plan de Salud.

18. Según el artículo 5 de la Ley 5/2001, de 5 de diciembre, de personal estatutario del Servicio Murciano de Salud, ¿a quién corresponde aprobar las medidas que garanticen los servicios mínimos en casos de huelga en los centros dependientes del Servicio Murciano de Salud?

a) Al Director Gerente del Área de Salud correspondiente.
b) Director Gerente del Servicio Murciano de Salud.
c) Consejo de Administración del Servicio Murciano de Salud.
d) Al Consejo de Gobierno.

19. Las jornadas de trabajo del personal con especial dedicación no serán superiores en promedio en cómputo anual:

a) A las 44 horas semanales de trabajo efectivo.
b) A las 40 horas semanales de trabajo efectivo.
c) A las 37 horas y media semanales de trabajo efectivo.
d) A las 35 horas semanales de trabajo efectivo.

20. Según el Acuerdo del Consejo de Gobierno, de 27 de diciembre de 2023, por el que se regula la jornada y el horario de trabajo del personal del Servicio Murciano de Salud, siempre que la duración de una jornada exceda de seis horas continuadas, el personal tendrá derecho a un descanso durante la misma de una duración de:

a) 15 minutos.
b) 20 minutos.
c) 30 minutos.
d) 45 minutos.

En MADTEST tienes **más preguntas de este tema**, y todos tus avances quedan registrados y se reflejan en el ranking.

¡Supera tus límites con MADTEST!

Solución al test n.º 14

1. c) Al personal estatutario del Servicio Murciano de Salud.

2. d) Inamovilidad en la relación de servicio.

3. a) Publicidad.

4. b) La eficiencia.

5. d) La incompatibilidad.

6. a) El Consejo de Gobierno de la Comunidad Autónoma de la Región de Murcia, el Consejo de Administración y el Director Gerente.

7. a) El Consejo de Gobierno.

8. b) Hasta dos.

9. d) Hasta 8.

10. b) El Consejo de Gobierno.

11. d) El Consejo de Administración del Servicio Murciano de Salud.

12. b) Aprobar las medidas que garanticen los servicios mínimos en los casos de huelga en los centros dependientes del Servicio Murciano de Salud.

13. b) El Consejo de Gobierno.

14. a) Al Director Gerente del Servicio Murciano de Salud.

15. d) Resolver los expedientes disciplinarios que impliquen separación del servicio.

16. c) El Director Gerente.

17. b) Aprobar los trámites de ordenación de los puestos de trabajo de los distintos centros y de las unidades organizativas.

18. d) Al Consejo de Gobierno.

19. b) A las 40 horas semanales de trabajo efectivo.

20. b) 20 minutos.

La Ley 55/2003, de 16 de diciembre, del Estatuto Marco del Personal Estatutario de los Servicios de Salud: adquisición y pérdida de la condición de personal estatutario. Selección del personal estatutario. Promoción interna, movilidad y carrera profesional. Régimen retributivo. Derechos y deberes. Régimen disciplinario: faltas y sanciones

1. Podrá concurrir a las pruebas selectivas, por el sistema de promoción interna, el personal estatutario fijo que se encuentre en servicio activo y con nombramiento como personal estatutario fijo, en la categoría de procedencia, durante al menos:

a) 2 años.
b) 3 años.
c) 4 años.
d) 5 años.

2. La condición de personal estatutario fijo se adquiere:

a) Por la superación de las pruebas de selección, contrato firmado con el órgano competente e incorporación a una plaza.
b) Por la superación de las pruebas de selección, publicación de su designación en el boletín oficial correspondiente e incorporación a la plaza.
c) Por la superación de la prueba selectiva, nombramiento conferido por el órgano competente e incorporación a la plaza.
d) Ninguna es correcta.

3. Quienes no acrediten, una vez superado el proceso selectivo, que reúnen los requisitos y condiciones exigidos en la convocatoria:

a) No podrán ser nombrados hasta que subsanen el defecto.
b) No podrán ser nombrados, y quedarán sin efecto sus actuaciones.

c) Podrán ser nombrados de forma condicional.

d) Una vez superado el proceso selectivo, se entiende que reúne los requisitos exigidos, salvo prueba en contrario.

4. No es causa de extinción de la condición de personal estatutario fijo:

a) La renuncia.

b) La jubilación.

c) La sanción disciplinaria firme de separación del servicio.

d) La incapacidad temporal.

5. La incapacidad permanente, cuando sea declarada en sus grados de incapacidad permanente total para la profesión habitual, absoluta para todo trabajo o gran invalidez conforme a las normas reguladoras del Régimen General de la Seguridad Social:

a) Da derecho a la reserva del puesto.

b) Produce la suspensión de la condición de personal estatutario.

c) Produce la pérdida de la condición de personal estatutario.

d) Imposibilita la recuperación de la condición de personal estatutario fijo.

6. La recuperación de la condición de personal estatutario:

a) Supondrá la simultánea declaración del interesado en la situación de excedencia voluntaria, salvo en el caso de que se hubiera perdido como consecuencia de incapacidad.

b) Supondrá la simultánea declaración del interesado en la situación de excedencia voluntaria.

c) Supondrá la reincorporación del interesado a su puesto anterior.

d) Supondrá la reincorporación del interesado a su puesto en reingreso provisional.

7. Según el Estatuto Marco, la selección de personal estatutario fijo se efectuará con carácter general a través del sistema de:

a) Oposición.

b) Concurso-oposición.

c) Concurso.

d) Pruebas selectivas.

8. En relación con los derechos y deberes regulados en el Estatuto Marco, no se considera un derecho colectivo:

a) La huelga.

b) La actividad sindical.

c) La reunión.

d) La estabilidad en el empleo.

9. La renuncia a la condición de personal estatutario, en los casos en que no exista un expediente disciplinario abierto, deberá ser solicitada por el interesado con una antelación mínima a su efectividad:

a) En cualquier momento.
b) De 15 días.
c) Tiene carácter voluntario y no está sometida a preaviso.
d) De un mes.

10. El personal estatutario de los servicios de salud tiene el deber de:

a) Participar en la elaboración de los convenios colectivos.
b) Realizar sus funciones fuera del horario y jornada habitual.
c) Realizar actividades sindicales.
d) Respetar la Constitución, el Estatuto de Autonomía correspondiente y el resto del ordenamiento jurídico.

11. Es falta muy grave:

a) La falta de obediencia debida a los superiores.
b) El acoso sexual, cuando el sujeto activo del acoso cree con su conducta un entorno laboral intimidatorio, hostil o humillante para la persona que es objeto del mismo.
c) El incumplimiento del deber de respeto a la Constitución o al respectivo Estatuto de Autonomía en el ejercicio de sus funciones.
d) La aceptación de cualquier tipo de contraprestación por los servicios prestados a los usuarios de los Servicios de Salud.

12. El funcionario sancionado con la separación del servicio no podrá concurrir a las pruebas de selección para la obtención de la condición de personal estatutario fijo, ni prestar servicios como personal estatutario temporal, durante:

a) Los 6 años siguientes.
b) Los 5 años siguientes.
c) Los 10 años siguientes.
d) La separación del servicio es definitiva.

13. Cuando la suspensión de funciones se imponga por falta muy grave, no podrá superar:

a) Los seis años.
b) Los diez años.
c) Los doce años.
d) Los quince años.

14. Según el Estatuto Marco, las faltas graves prescribirán:

a) Al año.
b) A los dos años.
c) A los tres años.
d) A los cuatro años.

15. Según el Estatuto Marco, las sanciones impuestas por faltas leves prescribirán:

a) Al mes.
b) A los tres meses.
c) A los seis meses.
d) Al año.

16. Las sanciones disciplinarias firmes que se impongan al personal estatutario se anotarán en su expediente personal. Las anotaciones por sanciones impuestas por faltas leves se cancelarán de oficio, desde el cumplimiento de la sanción, a:

a) Los 3 meses.
b) Los 6 meses.
c) El año.
d) Los 2 años.

17. Es una retribución básica del personal estatutario:

a) El complemento de destino.
b) El complemento de carrera.
c) Las pagas extraordinarias.
d) El complemento de productividad.

18. El complemento de productividad no está destinado a retribuir:

a) El especial rendimiento, el interés o la iniciativa del titular del puesto.
b) La participación en programas o actuaciones concretas.
c) La contribución del personal a la consecución de los objetivos programados.
d) Las condiciones particulares de algunos puestos.

19. No es correcto, en relación a las retribuciones del personal estatutario, que:

a) Podrá asignarse más de un complemento específico a cada puesto por una misma circunstancia.
b) El importe anual del complemento de destino se abonará en catorce pagas.
c) Las retribuciones complementarias son fijas o variables.
d) Las retribuciones básicas y las cuantías del sueldo y los trienios serán iguales en todos los Servicios de Salud.

**20. La especial dificultad técnica, dedicación, responsabilidad, incompatibili-
dad, peligrosidad o penosidad de algunos puestos de trabajo del Personal Estatutario, se retribuye a través del:**

a) Complemento de destino.
b) Complemento de atención continuada.
c) Complemento específico.
d) Complemento de productividad.

En MADTEST tienes **más preguntas de este tema**, y todos tus
avances quedan registrados y se reflejan en el ranking.

¡Supera tus límites con MADTEST!

Solución al test n.º 15

1. a) 2 años.

2. c) Por la superación de la prueba selectiva, nombramiento conferido por el órgano competente e incorporación a la plaza.

3. b) No podrán ser nombrados, y quedarán sin efecto sus actuaciones.

4. d) La incapacidad temporal.

5. c) Produce la pérdida de la condición de personal estatutario.

6. a) Supondrá la simultánea declaración del interesado en la situación de excedencia voluntaria, salvo en el caso de que se hubiera perdido como consecuencia de incapacidad.

7. b) Concurso-oposición.

8. d) La estabilidad en el empleo.

9. b) De 15 días.

10. d) Respetar la Constitución, el Estatuto de Autonomía correspondiente y el resto del ordenamiento jurídico.

11. c) El incumplimiento del deber de respeto a la Constitución o al respectivo Estatuto de Autonomía en el ejercicio de sus funciones.

12. a) Los 6 años siguientes.

13. a) Los seis años.

14. b) A los dos años.

15. c) A los seis meses.

16. b) Los 6 meses.

17. c) Las pagas extraordinarias.

18. d) Las condiciones particulares de algunos puestos.

19. a) Podrá asignarse más de un complemento específico a cada puesto por una misma circunstancia.

20. c) Complemento específico.

Clasificación del personal estatutario, situaciones administrativas, permisos y licencias: Ley 5/2001, de 5 de diciembre, Ley 55/2003, de 16 de diciembre y Estatuto Básico del Empleado Público

1. El Técnico Especialista Sanitario es una categoría perteneciente al Grupo:

a) Grupo A.
b) Grupo B.
c) Grupo C.
d) Grupo D.

2. Según el artículo 61 de la Ley 5/2001, de 5 de diciembre, de personal estatutario del Servicio Murciano de Salud, el personal estatutario no se halla en servicio activo:

a) Cuando se encuentre en situación de excedencia por prestar servicios en sector público.
b) Cuando se encuentren en encargo temporal de funciones.
c) Quienes sean declarados en suspensión provisional de funciones.
d) Cuando preste los servicios correspondientes a su nombramiento en el ámbito del Servicio Murciano de Salud.

3. El personal estatutario con nombramiento expedido para el ejercicio de una profesión o especialidad sanitaria se denomina:

a) Personal sanitario.
b) Otro personal.
c) Personal de mantenimiento.
d) Personal de gestión y servicios.

4. El personal estatutario con nombramiento expedido para el desempeño de funciones de gestión o para el desempeño de profesiones u oficios que no tengan carácter sanitario se denomina:

a) Personal universitario.
b) Personal de gestión y servicios.

c) Personal directivo.
d) Personal administrativo.

5. Según establece el art. 8 de la Ley 55/2003, de 16 de diciembre, del Estatuto Marco de los Servicios de Salud, es personal estatutario fijo:

a) El que, una vez superado el correspondiente proceso selectivo, obtiene un nombramiento para el desempeño, con carácter permanente, de las funciones que de tal nombramiento se deriven.
b) Todo el personal al servicio de los Servicios de Salud.
c) El personal que realice una prestación de servicios determinados de naturaleza temporal, coyuntural o extraordinaria.
d) El personal en posesión de un contrato laboral indefinido.

6. Según el artículo 62 de la Ley 5/2001, de 5 de diciembre, de personal estatutario del Servicio Murciano de Salud, a quienes se encuentren en situación de servicios especiales:

a) Se les computará el tiempo a efectos de antigüedad, trienios y a la reserva de la plaza de origen.
b) Tendrán derecho al cómputo de tiempo a efectos de antigüedad, carrera, en su caso, trienios y reserva de plaza de origen.
c) Se les computará el tiempo a efectos de antigüedad y carrera y a la reserva de la plaza de origen.
d) Se les computará el tiempo, a efectos de ascensos, trienios y derechos pasivos, con derecho a la reserva de plaza que viniera desempeñando, si lo viniera ocupando con carácter definitivo.

7. En el Estatuto Marco se acordará el cese del personal eventual:

a) Cuando se reincorpore la persona sustituida.
b) Cuando la plaza resulte amortizada.
c) Cuando se produzca la causa o venza el plazo que expresamente se determine en su nombramiento.
d) Cuando se incorpore de la bolsa un profesional con más antigüedad.

8. Conforme al artículo 6.2 de la Ley 55/2003, de 16 de diciembre, del Estatuto Marco del personal estatutario de los servicios de salud, atendiendo al nivel académico del título exigido para el ingreso, el personal estatutario sanitario de formación profesional se divide en:

a) Técnicos sanitarios y Auxiliares de Enfermería.
b) Técnicos superiores y Técnicos.
c) Técnicos superiores y Técnicos de gestión.
d) Técnicos especialistas y Técnicos.

9. Es personal Estatutario Sanitario:

a) El que ejerce una profesión o especialidad sanitaria.

b) El que ostenta esta condición en virtud de nombramiento expedido para el ejercicio de una profesión o especialización sanitaria.

c) El que desempeña una categoría clasificada como sanitaria.

d) Quien ejerza una profesión sanitaria sin ostentar la condición de funcionario.

10. Conforme al artículo 5 de la Ley 55/2003, de 16 de diciembre, el personal estatutario de los Servicios de Salud, se clasifica con diferentes criterios, atendiendo:

a) A la función desarrollada; al nivel del título exigido para su ingreso; y al tipo de contrato.

b) Al nivel del título exigido para su ingreso; y al tipo de nombramiento.

c) A su carácter de propietario, interino o eventual.

d) A la función desarrollada; al nivel del título exigido para su ingreso; y al tipo de nombramiento.

11. El artículo 8 del Texto Refundido de la Ley del Estatuto Básico del Empleado Público, aprobado por el Real Decreto Legislativo 5/2015, de 30 de octubre, define como aquellos quienes desempeñan funciones retribuidas en las Administraciones Públicas al servicio de los intereses generales:

a) A los Funcionarios públicos.

b) A los Empleados públicos.

c) Al Personal laboral de las Administraciones Públicas.

d) Al personal estatutario.

12. Corresponden en exclusiva a los funcionarios públicos, en los términos que en la ley de desarrollo de cada Administración Pública se establezca, el ejercicio de las funciones que impliquen la participación directa o indirecta:

a) En el archivo y documentación de información administrativa.

b) En tareas administrativas.

c) En el ejercicio de las potestades públicas.

d) En las tareas directivas.

13. Podrá nombrarse personal funcionario interino por exceso o acumulación de tareas:

a) Por plazo máximo de nueve meses, dentro de un periodo de dieciocho meses.

b) Por un plazo mínimo de 3 meses y máximo de 1 año.

c) Por un plazo máximo de 3 años, ampliable hasta doce meses más por las leyes de Función Pública que se dicten en desarrollo del TR-LEBEP.

d) Por plazo máximo de doce meses, dentro de un periodo de dieciocho meses.

14. En relación al personal eventual es cierto que:

a) Realiza funciones con carácter permanente.

b) El número máximo de este tipo de personal se ha de establecer por ley.

c) La condición de personal eventual constituye mérito para el acceso a la Función Pública y para la promoción interna.

d) El número de personal eventual y sus condiciones retributivas serán públicas.

15. ¿En qué situación se encontrará el personal estatutario del Servicio Murciano de Salud afectado por una minoración de efectivos adoptada en un plan de ordenación de recursos humanos, cuando no haya sido directamente destinado a otra unidad o centro a través de los procedimientos previstos en el propio plan?

a) Servicio activo.

b) Servicios especiales.

c) Excedencia forzosa.

d) Expectativa de destino.

16. Para atender al cuidado de un familiar que se encuentre a su cargo, hasta el segundo grado inclusive de consanguinidad o afinidad, que, por razones de edad, accidente o enfermedad, no pueda valerse por sí mismo, y no desempeñe actividad retribuida, el personal estatutario fijo del Servicio Murciano de Salud tendrá derecho a un periodo de excedencia de duración no superior a:

a) 1 año.

b) 2 años.

c) 3 años.

d) 4 años.

17. Para poder obtener la excedencia voluntaria por interés particular es necesario haber prestado servicios efectivos en cualquiera de las Administraciones Públicas durante:

a) Los cinco años inmediatamente anteriores.

b) Los cuatro años inmediatamente anteriores.

c) El año inmediatamente anterior.

d) No se exige periodo mínimo de prestación efectiva de servicios.

18. En el Estatuto Marco se establece que el personal estatutario en comisión de servicios percibirá las retribuciones:

a) Correspondientes a las funciones especiales que realice en el puesto de destino.

b) De su plaza o puesto de origen.

c) Proporcional a cada Centro.

d) Correspondientes a la plaza o puesto efectivamente desempeñado, salvo que sean inferiores a las que correspondan por la plaza de origen, en cuyo caso se percibirán estas.

19. Según el Estatuto Marco entre las situaciones administrativas del personal estatutario puede estar:

a) Servicio preferente en otra Comunidad Autónoma.
b) En régimen de cesión en la Administración General de Estado.
c) Destacado en los Servicios provinciales de las Delegaciones de Hacienda.
d) Suspensión de funciones.

20. Según el Estatuto Marco del personal estatutario, la situación de excedencia voluntaria por interés particular obliga a un periodo mínimo de permanencia en ella de:

a) Un año.
b) Dos años.
c) Doce meses.
d) No establece periodo mínimo.

En MADTEST tienes **más preguntas de este tema**, y todos tus avances quedan registrados y se reflejan en el ranking.

¡Supera tus límites con MADTEST!

Solución al test n.º 16

1. c) Grupo C.

2. a) Cuando se encuentre en situación de excedencia por prestar servicios en sector público.

3. a) Personal sanitario.

4. b) Personal de gestión y servicios.

5. a) El que, una vez superado el correspondiente proceso selectivo, obtiene un nombramiento para el desempeño, con carácter permanente, de las funciones que de tal nombramiento se deriven.

6. d) Se les computará el tiempo, a efectos de ascensos, trienios y derechos pasivos, con derecho a la reserva de plaza que viniera desempeñando, si lo viniera ocupando con carácter definitivo.

7. c) Cuando se produzca la causa o venza el plazo que expresamente se determine en su nombramiento.

8. b) Técnicos superiores y Técnicos.

9. b) El que ostenta esta condición en virtud de nombramiento expedido para el ejercicio de una profesión o especialización sanitaria.

10. d) A la función desarrollada; al nivel del título exigido para su ingreso; y al tipo de nombramiento.

11. b) A los Empleados públicos.

12. c) En el ejercicio de las potestades públicas.

13. a) Por plazo máximo de nueve meses, dentro de un periodo de dieciocho meses.

14. d) El número de personal eventual y sus condiciones retributivas serán públicas.

15. d) Expectativa de destino.

16. a) 1 año.

17. a) Los cinco años inmediatamente anteriores.

18. d) Correspondientes a la plaza o puesto efectivamente desempeñado, salvo que sean inferiores a las que correspondan por la plaza de origen, en cuyo caso se percibirán estas.

19. d) Suspensión de funciones.

20. b) Dos años.

Régimen de incompatibilidades del personal estatutario del Servicio Murciano de Salud. Representación, participación y negociación colectiva de los empleados públicos

1. ¿Qué Ley regula las incompatibilidades del Personal al Servicio de las Administraciones Públicas?

a) Ley 53/1984, de 26 de diciembre.
b) Ley 84/2003, de 5 de marzo.
c) Ley 34/2008, de 23 de septiembre.
d) Ley 55/1988, de 19 de octubre.

2. El incumplimiento de las normas sobre incompatibilidades, cuando suponga el mantenimiento de una situación de incompatibilidad, tendrá la consideración de:

a) Falta leve.
b) Falta grave.
c) Falta muy grave.
d) Falta media.

3. En relación con las incompatibilidades del personal estatutario, no es cierto que:

a) Será incompatible el disfrute de becas y ayudas de ampliación de estudios concedidas en régimen de concurrencia competitiva al amparo de programas oficiales de formación y perfeccionamiento del personal, siempre que para participar en tales acciones se requiera la previa propuesta favorable del Servicio de Salud en el que se esté destinado y que las bases de la convocatoria no establezcan lo contrario.
b) La percepción de pensión de jubilación por un régimen público de Seguridad Social será incompatible con la situación del personal emérito.
c) Las retribuciones del personal emérito, sumadas a su pensión de jubilación, no podrán superar las retribuciones que el interesado percibía antes de su jubilación, consideradas, todas ellas, en cómputo anual.
d) La percepción de pensión de jubilación parcial será compatible con las retribuciones derivadas de una actividad a tiempo parcial.

4. Será requisito necesario para autorizar la compatibilidad de actividades públicas el que la cantidad total percibida por ambos puestos o actividades no supere la remuneración prevista en los Presupuestos Generales del Estado para:

a) El cargo de Director General.
b) El nivel 30.
c) El cargo de Jefe de Servicio.
d) El cargo de Diputado o Senador.

5. Según la Ley 53/1984, de 26 de diciembre, de Incompatibilidades del Personal al Servicio de las Administraciones Públicos, será requisito necesario para autorizar la compatibilidad de actividades públicas para los funcionarios del Grupo D, el que la cantidad total percibida por ambos puestos o actividades no supere al remuneración prevista en los Presupuestos Generales del Estado para el cargo de Director General, ni supere la correspondiente al principal, estimada en régimen de dedicación ordinaria, incrementada en:

a) Un 30 %.
b) Un 40 %.
c) Un 45 %.
d) Un 50 %.

6. Quienes accedan por cualquier título a un nuevo puesto del sector público que con arreglo a la Ley 53/1984 resulte incompatible con el que vinieran desempeñando habrán de optar por uno de ellos dentro del plazo:

a) De 10 días tras la toma de posesión en el segundo puesto.
b) De 30 días tras la incorporación al segundo puesto.
c) De 3 días tras la incorporación al segundo puesto.
d) De toma de posesión.

7. La resolución motivada reconociendo la compatibilidad o declarando la incompatibilidad se dictará en el plazo de:

a) 1 mes.
b) 2 meses.
c) 15 días.
d) 10 días.

8. El personal comprendido en el ámbito de aplicación de la Ley 53/1984 no podrá ejercer la actividad siguiente:

a) El desempeño de cargos de todo orden en Empresas o Sociedades privadas, siempre que la actividad de las mismas no esté directamente relacionada con las que gestione el Departamento, Organismo o Entidad en que preste sus servicios.
b) La participación en tribunales calificadores de pruebas selectivas para ingreso en las Administraciones Públicas.

c) El ejercicio del cargo de Presidente, Vocal o miembro de Juntas rectoras de Mutualidades o Patronatos de Funcionarios, siempre que no sea retribuido.

d) La producción y creación literaria, siempre que no se origine como consecuencia de una relación de empleo o de prestación de servicios.

9. No podrá reconocerse compatibilidad para la realización de actividades privadas a quien desempeñe dos actividades en el sector público, salvo en el caso de que la jornada semanal de ambas actividades en su conjunto sea inferior a:

a) 35 horas.
b) 40 horas.
c) 44 horas.
d) 48 horas.

10. Los representantes de los trabajadores con competencia en materia de prevención de riesgos laborales son:

a) Los miembros de la Junta de personal, Junta Facultativo y Junta de Enfermería.
b) Los técnicos de prevención de riesgos laborales.
c) El Servicio de Medicina Preventiva.
d) Los delegados de prevención.

11. Completar la siguiente frase: "Los empleados públicos tienen derecho a la negociación colectiva, representación y .... para la determinación de sus condiciones de trabajo":

a) Evaluación del desempeño.
b) Huelga.
c) Participación institucional.
d) Convenio.

12. Quedan excluidas de la obligatoriedad de la negociación colectiva:

a) Las normas que fijen los criterios y mecanismos generales en materia de evaluación del desempeño.
b) Los criterios generales para la determinación de prestaciones sociales y pensiones de clases pasivas.
c) Los criterios generales sobre ofertas de empleo público.
d) La determinación de condiciones de trabajo del personal directivo.

13. En las Mesas de Negociación, las partes están obligadas a negociar bajo el principio de:

a) El interés general.
b) Representación equilibrada.

c) Reconocimiento mutuo.
d) La buena fe.

14. Tal y como señala el artículo 46 del EBEP, están legitimados para convocar una reunión los empleados públicos de las Administraciones respectivas en número no inferior:

a) Al 10 % del colectivo convocado.
b) Al 20 % del colectivo convocado.
c) Al 30 % del colectivo convocado.
d) Al 40 % del colectivo convocado.

15. El mandato de los miembros de las Juntas de Personal y de los Delegados de Personal, en su caso, será de:

a) 3 años.
b) 4 años.
c) 5 años.
d) 7 años.

16. Señala la opción correcta:

a) Las Juntas de Personal se elegirán mediante listas cerradas a través de un sistema proporcional corregido, y los Delegados de Personal mediante listas abiertas y sistema mayoritario.
b) Los Delegados de Personal se elegirán mediante listas cerradas a través de un sistema proporcional corregido, y las Juntas de Personal mediante listas abiertas y sistema mayoritario.
c) Tanto las Juntas de Personal como los Delegados de Personal se elegirán mediante listas cerradas a través de un sistema proporcional corregido.
d) Tanto las Juntas de Personal como los Delegados de Personal se elegirán mediante listas abiertas y sistema mayoritario.

17. Según la Ley 53/1984 y su normativa de desarrollo, el reconocimiento de compatibilidad para el desempeño de un segundo puesto o actividad pública:

a) Puede producir efectos retroactivos si así se solicita expresamente por el interesado.
b) Se presume concedido si la Administración no resuelve en el plazo de tres meses.
c) Debe ser expreso y previo al inicio de la segunda actividad.
d) Permite modificar la jornada del puesto principal para garantizar su ejercicio.

18. Será objeto de negociación, en su ámbito respectivo y en relación con las competencias de cada Administración Pública y con el alcance que legalmente proceda:

a) La determinación concreta de los procedimientos de acceso al empleo público.
b) La regulación concreta de los criterios de promoción profesional.

c) Las materias referidas a calendario laboral.
d) La determinación de condiciones de trabajo del personal directivo.

19. Serán objeto de negociación, en su ámbito respectivo y en relación con las competencias de cada Administración Pública y con el alcance que legalmente proceda en cada caso:

a) Las normas que fijen los criterios generales en materia de acceso, carrera, provisión, sistemas de clasificación de puestos de trabajo, y planes e instrumentos de planificación de recursos humanos.
b) Las decisiones de las Administraciones Públicas que afecten a sus potestades de organización.
c) La regulación del ejercicio de los derechos de los ciudadanos y de los usuarios de los servicios públicos, así como el procedimiento de formación de los actos y disposiciones administrativas.
d) La regulación y determinación concreta, en cada caso, de los sistemas, criterios, órganos y procedimientos de acceso al empleo público y la promoción profesional.

20. Es un criterio, según el EBEP, de los procedimientos reglamentarios para la elección de las Juntas de Personal y para la elección de Delegados de Personal:

a) Podrán presentar candidaturas las organizaciones sindicales legalmente constituidas o las coaliciones de estas, y los grupos de electores de una misma unidad electoral, siempre que el número de ellos sea equivalente, al menos, al doble de los miembros a elegir.
b) La elección se realizará mediante sufragio personal, directo, libre y secreto que podrá emitirse por correo o por otros medios telemáticos.
c) Tendrán la consideración de electores, pero no así de elegibles, los funcionarios que ocupen puestos cuyo nombramiento se efectúe a través de real decreto o por decreto de los consejos de gobierno de las comunidades autónomas y de las ciudades de Ceuta y Melilla.
d) Serán electores y elegibles los funcionarios cualquiera que sea la situación administrativa en que se encuentren, excepto la suspensión de funciones.

En MADTEST tienes **más preguntas de este tema**, y todos tus avances quedan registrados y se reflejan en el ranking.

¡Supera tus límites con MADTEST!

Solución al test n.º 17

1. a) Ley 53/1984, de 26 de diciembre.

2. c) Falta muy grave.

3. b) La percepción de pensión de jubilación por un régimen público de Seguridad Social será incompatible con la situación del personal emérito.

4. a) El cargo de Director General.

5. c) Un 45%.

6. d) De toma de posesión.

7. b) 2 meses.

8. a) El desempeño de cargos de todo orden en Empresas o Sociedades privadas, siempre que la actividad de las mismas no esté directamente relacionada con las que gestione el Departamento, Organismo o Entidad en que preste sus servicios.

9. b) 40 horas.

10. d) Los delegados de prevención.

11. c) Participación institucional.

12. d) La determinación de condiciones de trabajo del personal directivo.

13. d) La buena fe.

14. d) Al 40 % del colectivo convocado.

15. b) 4 años.

16. a) Las Juntas de Personal se elegirán mediante listas cerradas a través de un sistema proporcional corregido, y los Delegados de Personal mediante listas abiertas y sistema mayoritario.

17. c) Debe ser expreso y previo al inicio de la segunda actividad.

18. c) Las materias referidas a calendario laboral.

19. a) Las normas que fijen los criterios generales en materia de acceso, carrera, provisión, sistemas de clasificación de puestos de trabajo, y planes e instrumentos de planificación de recursos humanos.

20. b) La elección se realizará mediante sufragio personal, directo, libre y secreto que podrá emitirse por correo o por otros medios telemáticos.

La Ley General de la Seguridad Social. Campo de aplicación y estructura del sistema de la Seguridad Social: disposiciones generales. Afiliación y cotización. Liquidación y recaudación: disposiciones generales. Acción protectora: disposiciones generales

1. A los efectos de las prestaciones en su modalidad contributiva, ¿quién queda comprendido en el campo de aplicación del sistema de la Seguridad Social?

a) Españoles y extranjeros residan o no en España.
b) Españoles que residan en territorio español y extranjeros que residan o se encuentren legalmente en España con independencia de la actividad que desarrollen.
c) Españoles que residan en España y extranjeros que residan o se encuentren en España siempre que en ambos supuestos ejerzan su actividad en territorio nacional y se trate de algunas de las actividades previstas en el artículo 7.1. TRLGSS.
d) Españoles que residan en territorio nacional.

2. Los Regímenes Especiales actualmente en vigor son:

a) Régimen Especial de Trabajadores por cuenta propia o autónomos (RETA).
b) RETA y Régimen Especial del Mar (REM).
c) RETA, REM, Régimen de la Minería del Carbón y Seguro Escolar.
d) Ninguna es correcta.

3. Formas en las que puede promoverse la afiliación al sistema de la Seguridad Social:

a) A instancias del empresario o del representante de los trabajadores.
b) A instancias del empresario, de los trabajadores o de oficio.
c) A instancias del delegado sindical.
d) Por los trabadores.

4. La afiliación al sistema de la Seguridad Social debe realizarse:

a) Con carácter previo.
b) Dentro de los 30 días siguientes al iniciar la actividad.

c) Dentro de los 3 días siguientes al iniciar la actividad.

d) No es necesario solicitar la afiliación.

5. Según el art. 16 del Real Decreto Legislativo 8/2015, de 30 de octubre, por el que se aprueba el texto refundido de la Ley General de la Seguridad Social, ¿cuál de las siguientes respuestas es correcta?

a) La afiliación de los trabajadores a la Seguridad Social, así como, los trámites determinados por las altas, bajas y variaciones que puedan producirse con posterioridad a la afiliación podrán ser realizados de oficio por los correspondientes organismos de la Administración de la Seguridad Social.

b) La afiliación de los trabajadores a la Seguridad Social, así como, los trámites determinados por las altas, bajas y variaciones de datos que puedan producirse con posterioridad a la afiliación podrán practicarse a petición de las personas y entidades obligadas a dichos actos, a instancia de los interesados o de oficio por la Administración de la Seguridad Social.

c) Los trabajadores, en el caso de que las personas y entidades a quienes incumban las obligaciones de solicitar la afiliación, altas, bajas y variaciones de datos a la Seguridad Social incumplieran las mismas, únicamente podrán solicitar el alta pero no podrán solicitar ni la afiliación ni la baja de la Seguridad Social.

d) Los trabajadores, en ningún caso, podrán instar la afiliación a la Seguridad Social.

6. Las cotizaciones por contingencias profesionales tienen por objeto la cobertura de los siguientes riesgos:

a) Accidente de trabajo o accidente no laboral.

b) Accidente de trabajo o enfermedad profesional.

c) Enfermedad profesional o enfermedad común.

d) Nacimiento y cuidado del menor.

7. Como cotizaciones que se recaudan conjuntamente con las cotizaciones por contingencias comunes y profesionales encontramos:

a) Cotización por desempleo.

b) Cotización por fondo de garantía salarial.

c) Seguro de invalidez.

d) Cotización por desempleo, FOGASA y Formación Profesional.

8. La obligación de cotizar nace de acuerdo con el artículo 18 de la LGSS:

a) Dentro de los 30 días siguientes al inicio de la actividad.

b) Desde el inicio la actividad.

c) Desde los 3 días antes del inicio de la actividad.

d) Ninguna es correcta.

9. Según el artículo 7 de la LGSS, ¿quién estará comprendido en el campo de aplicación del sistema de la Seguridad Social a efectos de las prestaciones en su modalidad no contributiva?

a) Los apátridas y extranjeros.

b) Españoles residentes en territorio nacional y extranjeros que residan legalmente en territorio español en los termines previstos por la ley.

c) Españoles no residentes en España.

d) Todas son correctas.

10. El nivel contributivo se financia fundamentalmente por:

a) Las cuotas satisfechas por empresarios y trabajadores.

b) Cuotas satisfechas por los trabajadores.

c) Impuesto.

d) Las cuotas satisfechas por los empresarios.

11. El nivel no contributivo es:

a) De ámbito profesional y naturaleza contributiva.

b) De ámbito profesional y naturaleza voluntaria.

c) De ámbito universal y naturaleza asistencial.

d) De ámbito universal y contratación libre.

12. La cotización en los Regímenes General y Especiales tiene carácter:

a) Voluntaria.

b) Obligatorio.

c) Complementario.

d) Solidario.

13. ¿Cuáles son los sistemas de liquidación de las cuotas de la Seguridad Social, desempleo y conceptos de recaudación conjunta?

a) El sistema de liquidación directa, sistema de autoliquidación y sistema de liquidación simplificada.

b) El sistema de liquidación y recaudación general.

c) El sistema de autoliquidación y sistema de liquidación simplificada.

d) El sistema de liquidación directa y autoliquidación.

14. ¿De conformidad con el artículo 23 del TRLGSS cuando se considerara incumplido el aplazamiento concedido para el pago de las cuotas a la seguridad social?

a) Se considerará incumplido el aplazamiento en el momento en que el beneficiario deje de mantenerse al corriente en el pago de sus obligaciones con la Seguridad Social, con posterioridad a su concesión.

b) Se considerará incumplido el aplazamiento en el momento en que el beneficiario deje de mantenerse al corriente en el pago de sus obligaciones con la Seguridad Social, con anterioridad a su concesión.

c) Se considerará incumplido el aplazamiento en el momento en que el beneficiario deje de informar sobre su situación a la Seguridad Social, con posterioridad a su concesión.

d) Ninguna es correcta.

15. A los efectos del artículo 24 de la LGSS, la acción para exigir el pago de las deudas por cuotas de la Seguridad Social y conceptos de recaudación conjunta prescribirá:

a) A los 3 años.
b) A los 2 años.
c) A los 6 años.
d) A los 4 años.

16. En el sistema de autoliquidación de cuotas los sujetos responsables del cumplimiento de la obligación de cotizar deberán:

a) Transmitir a la Tesorería General de la Seguridad Social documentos de cotización.

b) Transmitir por medios electrónicos a la Tesorería General de la Seguridad Social las liquidaciones de cuotas de la Seguridad Social y por conceptos de recaudación conjunta, salvo en aquellos supuestos en que dicha liquidación proceda mediante la presentación de los correspondientes documentos de cotización.

c) Transmitir por medios electrónicos al Instituto Nacional de la Seguridad Social las liquidaciones de cuotas de la Seguridad Social y por conceptos de recaudación conjunta, salvo en aquellos supuestos en que dicha liquidación proceda mediante la presentación de los correspondientes documentos de cotización.

d) Transmitir por medios electrónicos a la Tesorería General de la Seguridad Social los datos necesarios para que esta realice el calculo de la liquidación de cuotas correspondiente.

17. Regímenes en los que se estructura el sistema de la Seguridad Social:

a) Régimen General y Régimen Especial Agrario.
b) Régimen General y Regímenes Especiales.
c) Régimen General, Regímenes Especiales y Régimen Especial Agrario.
d) Regímenes Especiales y Regímenes Voluntarios.

18. La afiliación podrá practicarse

a) A petición exclusivamente del empresario.
b) A petición de las personas y entidades obligadas a dicho acto, a instancia de los interesados o de oficio por la Administración de la Seguridad Social.

c) A petición de las entidades obligadas a dicho acto.

d) A petición de las personas y entidades obligadas a dicho acto, a instancia de los interesados o de oficio por el Estado.

19. Tanto la afiliación como los trámites determinados por las altas, bajas y variaciones a que se refiere el artículo anterior podrán ser realizados:

a) De oficio por los correspondientes organismos de la Administración de la Seguridad Social cuando, a raíz de los datos de que dispongan, de las actuaciones de la Inspección de Trabajo y Seguridad Social o por cualquier otro procedimiento, se compruebe la inobservancia de dichas obligaciones.

b) De oficio por los correspondientes organismos de la Administración de la Seguridad Social cuando, a raíz de los datos de que dispongan, de las actuaciones de la Inspección de Hacienda o por cualquier otro procedimiento, se compruebe la inobservancia de dichas obligaciones

c) A instancia por los empresarios cuando, a raíz de los datos de que dispongan, de las actuaciones de la Inspección de Trabajo y Seguridad Social o por cualquier otro procedimiento, se compruebe la inobservancia de dichas obligaciones

d) De oficio por los correspondientes organismos de la Administración de la Seguridad Social cuando, a raíz de los datos de que dispongan, de las actuaciones de la Tesorería general de la Seguridad Social o por cualquier otro procedimiento, se compruebe la inobservancia de dichas obligaciones.

20. De acuerdo con el artículo 15 de la Ley General de la Seguridad Social, a afiliación a la Seguridad Social es obligatoria para las personas a que se refiere el artículo 7.1 y única para toda su vida y para todo el sistema, sin perjuicio de:

a) Las altas y bajas en el mismo régimen, así como de las demás variaciones que puedan producirse con posterioridad a la afiliación.

b) Las altas y bajas en los distintos regímenes que lo integran, así como de las demás variaciones que puedan producirse con posterioridad a la afiliación.

c) Las altas y bajas en los distintos regímenes que lo integran, pero si afectando a dicha afiliación las demás variaciones que puedan producirse con posterioridad a la afiliación.

d) Las altas y bajas en el Régimen General, así como de las demás variaciones que puedan producirse con posterioridad a la afiliación.

En MADTEST tienes **más preguntas de este tema**, y todos tus avances quedan registrados y se reflejan en el ranking.

¡Supera tus límites con MADTEST!

Solución al test n.º 18

1. c) Españoles que residan en España y extranjeros que residan o se encuentren en España siempre que en ambos supuestos ejerzan su actividad en territorio nacional y se trate de algunas de las actividades previstas en el articulo 7.1. TRLGSS.

2. c) RETA, REM, Régimen de la Minería del Carbón y Seguro Escolar.

3. b) A instancias del empresario, de los trabajadores o de oficio.

4. a) Con carácter previo.

5. b) La afiliación de los trabajadores a la Seguridad Social, así como, los trámites determinados por las altas, bajas y variaciones de datos que puedan producirse con posterioridad a la afiliación podrán practicarse a petición de las personas y entidades obligadas a dichos actos, a instancia de los interesados o de oficio por la Administración de la Seguridad Social.

6. b) Accidente de trabajo o enfermedad profesional.

7. d) Cotización por desempleo, FOGASA y Formación Profesional.

8. b) Desde el inicio la actividad.

9. b) Españoles residentes en territorio nacional y extranjeros que residan legalmente en territorio español en los termines previstos por la ley.

10. a) Las cuotas satisfechas por empresarios y trabajadores.

11. c) De ámbito universal y naturaleza asistencial.

12. b) Obligatorio.

13. a) El sistema de liquidación directa, sistema de autoliquidación y sistema de liquidación simplificada.

14. a) Se considerará incumplido el aplazamiento en el momento en que el beneficiario deje de mantenerse al corriente en el pago de sus obligaciones con la Seguridad Social, con posterioridad a su concesión.

15. d) A los 4 años.

16. b) Transmitir por medios electrónicos a la Tesorería General de la Seguridad Social las liquidaciones de cuotas de la Seguridad Social y por conceptos de recaudación conjunta, salvo en aquellos supuestos en que dicha liquidación proceda mediante la presentación de los correspondientes documentos de cotización.

17. b) Régimen General y Regímenes Especiales.

18. b) A petición de las personas y entidades obligadas a dicho acto, a instancia de los interesados o de oficio por la Administración de la Seguridad Social.

19. a) De oficio por los correspondientes organismos de la Administración de la Seguridad Social cuando, a raíz de los datos de que dispongan, de las actuaciones de la Inspección de Trabajo y Seguridad Social o por cualquier otro procedimiento, se compruebe la inobservancia de dichas obligaciones.

20. b) Las altas y bajas en los distintos regímenes que lo integran, así como de las demás variaciones que puedan producirse con posterioridad a la afiliación.

Régimen General de la Seguridad Social: campo de aplicación. Cotización: disposiciones generales. Recaudación. Aspectos comunes de la acción protectora. Normas generales en materia de prestaciones

1. ¿Cuál es el tipo de cotización por contingencias comunes correspondiente para el empresario durante el año 2026?

a) El 23,60 por ciento.
b) El 28,30 por ciento.
c) El 23,65 por ciento.
d) El 4,70 por ciento.

2. ¿Cuál es el tipo de cotización del Mecanismo de Equidad Intergeneracional para el año 2026 que le corresponde asumir a la empresa?

a) 0,6 por ciento.
b) 0,75 por ciento.
c) 0,15 por ciento.
d) 0,5 por ciento.

3. ¿Cuál es el tipo de cotización del mecanismo de equidad intergeneracional correspondiente al empresario durante el año 2026?

a) 0,75 por ciento.
b) 0,4 por ciento.
c) 0,3 por ciento.
d) 0,1 por ciento.

4. ¿Cuál es el tipo de cotización previsto para el trabajador previsto para el Mecanismo de Equidad Intergeneracional para el año 2026?

a) El 0,15 por ciento.
b) El 0,75 por ciento.
c) El 0,1 por ciento.
d) El 0,11 por ciento.

5. ¿Cómo define la Ley General de la Seguridad Social el accidente de trabajo?

a) Como toda lesión corporal o mental que el trabajador sufra con ocasión o por consecuencia del trabajo que ejecute por cuenta ajena.

b) La contraída a consecuencia del trabajo ejecutado por cuenta ajena en las actividades que se especifiquen en el cuadro que se apruebe por las disposiciones de aplicación y desarrollo de esta ley, y que esté provocada por la acción de los elementos o sustancias que en dicho cuadro se indiquen.

c) Como toda lesión corporal que el trabajador sufra solo por consecuencia del trabajo que ejecute por cuenta ajena.

d) Como toda lesión corporal que el trabajador sufra con ocasión o por consecuencia del trabajo que ejecute por cuenta ajena.

6. ¿Cuándo se presumirá un accidente de trabajo de acuerdo con la Ley General de la Seguridad Social?

a) Siempre cuando el trabajador sufra una lesión durante el tiempo y en el lugar del trabajo.

b) Salvo prueba en contrario, cuando el trabajador sufra una lesión ya sea durante el tiempo y en el lugar del trabajo o no.

c) Salvo prueba en contrario, cuando el trabajador sufra una lesión durante el tiempo y en el lugar del trabajo.

d) Salvo prueba en contrario, cuando el trabajador sufra una lesión durante el tiempo y en el lugar del trabajo.

7. No impedirá la calificación de un accidente como de trabajo:

a) La imprudencia profesional que sea consecuencia del ejercicio habitual de un trabajo y se derive de la confianza que este inspira.

b) La concurrencia de culpabilidad civil o criminal del empresario, de un compañero de trabajo del accidentado o de un tercero, aunque no guarde relación alguna con el trabajo.

c) La imprudencia temeraria que sea consecuencia del ejercicio habitual de un trabajo y se derive de la confianza que este inspira.

d) La concurrencia de culpabilidad civil o criminal del empresario, de un compañero de trabajo del accidentado o de un tercero, salvo que no guarde relación alguna con el trabajo.

8. De conformidad con el artículo 136.1 de la LGGS, estarán obligatoriamente incluidos en el campo de aplicación del Régimen General de la Seguridad Social:

a) Los trabajadores por cuenta propia y los asimilados a los que se refiere el artículo 7.1.a) de esta ley, salvo que por razón de su actividad deban quedar comprendidos en el campo de aplicación de algún régimen especial de la Seguridad Social.

b) Los trabajadores por cuenta ajena y los asimilados a los que se refiere el artículo 7.1.a) de esta ley, salvo que por razón de su actividad deban quedar comprendidos en el campo de aplicación de algún régimen especial de la Seguridad Social.

c) Los trabajadores por cuenta ajena y los asimilados a los que por razón de su actividad deban quedar comprendidos en el campo de aplicación de algún régimen especial de la Seguridad Social.

d) Ninguna es correcta.

9. Según el artículo 137 LGSS no darán lugar a inclusión en este Régimen General los siguientes trabajos:

a) Los que se ejecuten mediante los llamados servicios amistosos, benévolos o de buena vecindad, los que den lugar a la inclusión en alguno de los sistemas especiales de la Seguridad Social y los realizados por los profesores universitarios eméritos, de conformidad con lo previsto en el apartado 2 de la disposición adicional vigésima segunda de la Ley Orgánica 6/2001, de 21 de diciembre, de Universidades, así como por el personal licenciado sanitario emérito nombrado al amparo de la disposición adicional cuarta de la Ley 55/2003, de 16 de diciembre, del Estatuto Marco del personal estatutario de los servicios de salud.

b) Los que se ejecuten ocasionalmente mediante los llamados servicios amistosos, benévolos o de buena vecindad, los que den lugar a la inclusión en alguno de los regímenes especiales de la Seguridad Social y los realizados por los profesores en general, así como por el personal licenciado sanitario.

c) Los que se ejecuten ocasionalmente mediante los llamados servicios amistosos, benévolos o de buena vecindad, los que den lugar a la inclusión en alguno de los regímenes especiales de la Seguridad Social y los realizados por los profesores universitarios eméritos, de conformidad con lo previsto en el apartado 2 de la disposición adicional vigésima segunda de la Ley Orgánica 6/2001, de 21 de diciembre, de Universidades, así como por el personal licenciado sanitario emérito nombrado al amparo de la disposición adicional cuarta de la Ley 55/2003, de 16 de diciembre, del Estatuto Marco del personal estatutario de los servicios de salud.

d) Los que se ejecuten ocasionalmente mediante los llamados servicios generosos, los que den lugar a la inclusión en alguno de los regímenes especiales de la Seguridad Social y los realizados por los profesores universitarios eméritos, de conformidad con lo previsto en el apartado 2 de la disposición adicional vigésima segunda de la Ley Orgánica 6/2001, de 21 de diciembre, de Universidades, así como por el personal licenciado sanitario emérito nombrado al amparo de la disposición adicional cuarta de la Ley 55/2003, de 16 de diciembre, del Estatuto Marco del personal estatutario de los servicios de salud.

10. A los efectos del artículo 136.2 LGSS se declaran expresamente comprendidos en el Régimen General:

a) Los trabajadores incluidos en el Sistema Especial para Empleados de Hogar y en el Sistema Especial para Trabajadores por Cuenta Ajena Agrarios, así como en cualquier otro de los sistemas especiales a que se refiere el artículo 11, establecidos en el Régimen General de la Seguridad Social.

b) Los trabajadores por cuenta ajena y los socios trabajadores de las sociedades de capital, aun cuando sean miembros de su órgano de administración, si el desempeño de este cargo no conlleva la realización de las funciones de dirección y gerencia de la sociedad, ni posean su control en los términos previstos por el artículo 305.2.b).

c) Como asimilados a trabajadores por cuenta ajena, los consejeros y administradores de las sociedades de capital, siempre que no posean su control en los términos previstos por el artículo 305.2.b), cuando el desempeño de su cargo conlleve la realización de las funciones de dirección y gerencia de la sociedad, siendo retribuidos por ello o por su condición de trabajadores por cuenta de la misma.

d) Todas son correctas.

11. El tipo de cotización aplicable a la base de cotización por contingencias comunes previsto para el año 2026 es:

a) Del 28,3 % a cargo exclusivo del empresario.
b) El 23,60 % a cargo exclusivo del trabajador.
c) El 28,30 % siendo el 23,60 % a cargo del empresario y el 4,7 % a cargo del trabajador.
d) El 30 % a cargo del Estado.

12. El tipo de cotización establecido para el trabajador que haya realizado horas extraordinarias por fuerza mayor será para el año 2026:

a) Del 28,30 %.
b) Del 14 %, siendo el 12 % a cargo de la empresa y el 2 % a cargo del trabajador.
c) Del 28,30 %, siendo el 23,60 % a cargo del empresario y el 4,70 a cargo del trabajador.
d) El 14 % exclusivo a cargo del empresario.

13. Las contingencias de accidentes de trabajo y enfermedad profesional se calculan aplicando:

a) El tipo de cotización previsto para las contingencias comunes.
b) Tipo de cotización para la contingencia de formación profesional.
c) Tarifa de primas.
d) Ninguna es correcta.

14. Las cotizaciones por contingencias profesionales correrán a cargo de:

a) Los trabajadores.
b) El empresario y los trabajadores.
c) Exclusivamente del empresario.
d) El empresario y las mutuas colaboradoras con la Seguridad Social.

15. Estarán sujetos a la obligación de cotizar al Régimen General de la Seguridad Social:

a) Los trabajadores.
b) Asimilados comprendidos en su campo de aplicación.
c) Los empresarios.
d) Estarán sujetos a la obligación de cotizar al Régimen General de la Seguridad Social los trabajadores y asimilados comprendidos en su campo de aplicación y los empresarios por cuya cuenta trabajen.

16. La cotización comprenderá dos aportaciones:

a) Del Estado y de los empresarios.
b) De los trabajadores, empresarios y del Estado.
c) De los empresarios y de los trabajadores.
d) De los empresarios, de los trabajadores y sus familiares.

17. De conformidad con el articulo 142 LGSS:

a) El empresario descontará a sus trabajadores, en el momento de hacerles efectivas sus retribuciones, la aportación que corresponda a cada uno de ellos. Si no efectuase el descuento en dicho momento no podrá realizarlo con posterioridad, quedando obligado a ingresar la totalidad de las cuotas a su exclusivo cargo.

b) El empresario descontará a sus trabajadores, en el momento de hacerles efectivas sus retribuciones, la aportación que corresponda a cada uno de ellos. Si no efectuase el descuento en dicho momento podrá realizarlo con posterioridad, quedando obligado a ingresar la totalidad de las cuotas a su exclusivo cargo.

c) El empresario descontará a sus trabajadores, en el mes anterior de hacerles efectivas sus retribuciones, la aportación que corresponda a cada uno de ellos. Si no efectuase el descuento en dicho momento no podrá realizarlo con posterioridad, quedando obligado a ingresar la totalidad de las cuotas a su exclusivo cargo.

d) Ninguna es correcta.

18. De conformidad con el articulo 144 LGSS la obligación de cotizar se mantendrá:

a) Por todo el período en que el trabajador esté en alta en el Régimen General o preste sus servicios, aunque estos revistan carácter discontinuo. Dicha obligación subsistirá asimismo respecto a los trabajadores que se encuentren suscritos a un convenio especial.

b) Por todo el período en que el trabajador esté en alta en el Régimen General o preste sus servicios, aunque estos revistan carácter discontinuo. Dicha obligación subsistirá asimismo respecto a los trabajadores que se encuentren cumpliendo deberes de carácter público o desempeñando cargos de representación sindical, siempre que ello no dé lugar a la excedencia en el trabajo.

c) Por todo el período en que el trabajador esté en alta en cualquiera de los Regímenes de la Seguridad Social o preste sus servicios, aunque estos revistan carácter discontinuo. Dicha obligación subsistirá asimismo respecto a los trabajadores que se encuentren cumpliendo deberes de carácter público o desempeñando cargos de representación sindical, siempre que ello no dé lugar a la excedencia en el trabajo.

d) Por todo el período en que el trabajador esté en alta en el Régimen General o preste sus servicios, aunque estos revistan carácter discontinuo. Dicha obligación subsistirá asimismo respecto a los trabajadores que se encuentren cumpliendo deberes de carácter privado o desempeñando cargos de representación sindical, siempre que ello no dé lugar a la excedencia en el trabajo.

19. De acuerdo con el artículo 143 LGSS, ¿qué pactos relacionados con las cuotas se considerará nulo?

a) Aquellos por el cual el empresario asuma la obligación de pagar total o parcialmente la prima o parte de cuota a cargo del trabajador.

b) Aquellos por el cual el trabajador asuma la obligación de pagar total o parcialmente la prima o parte de cuota a cargo del empresario.

c) Aquellos por el cual el trabajador asuma abonar su parte ante Tesorería.

d) Aquellos por el cual el empresario acuerdo con el trabajador deducir la cuota correspondiente a este en el momento de abonarle el salario.

20. De acuerdo con el artículo 143 LGSS, ¿qué pactos relacionados con las bases de cotización se considerará nulo?

a) Todo pacto que pretenda alterar los tipos de cotización

b) Todo pacto que pretenda alterar la tarifa de primas.

c) Todo pacto que pretenda alterar las bases de cotización.

d) Todo pacto que pretenda alterar el porcentaje correspondiente a empresario y trabajador de las bases de cotización.

En MADTEST tienes **más preguntas de este tema**, y todos tus avances quedan registrados y se reflejan en el ranking.

¡Supera tus límites con MADTEST!

Solución al test n.º 19

1. a) El 23,60 por ciento.

2. a) 0,6 por ciento.

3. b) 0,75 por ciento.

4. a) El 0,15 por ciento.

5. d) Como toda lesión corporal que el trabajador sufra con ocasión o por consecuencia del trabajo que ejecute por cuenta ajena.

6. d) Salvo prueba en contrario, cuando el trabajador sufra una lesión durante el tiempo y en el lugar del trabajo.

7. a) La imprudencia profesional que sea consecuencia del ejercicio habitual de un trabajo y se derive de la confianza que este inspira.

8. b) Los trabajadores por cuenta ajena y los asimilados a los que se refiere el artículo 7.1.a) de esta ley, salvo que por razón de su actividad deban quedar comprendidos en el campo de aplicación de algún régimen especial de la Seguridad Social.

9. c) Los que se ejecuten ocasionalmente mediante los llamados servicios amistosos, benévolos o de buena vecindad, los que den lugar a la inclusión en alguno de los regímenes especiales de la Seguridad Social y los realizados por los profesores universitarios eméritos, de conformidad con lo previsto en el apartado 2 de la disposición adicional vigésima segunda de la Ley Orgánica 6/2001, de 21 de diciembre, de Universidades, así como por el personal licenciado sanitario emérito nombrado al amparo de la disposición adicional cuarta de la Ley 55/2003, de 16 de diciembre, del Estatuto Marco del personal estatutario de los servicios de salud.

10. d) Todas son correctas.

11. c) El 28,30 % siendo el 23,60 % a cargo del empresario y el 4,7 % a cargo del trabajador.

12. b) Del 14 %, siendo el 12 % a cargo de la empresa y el 2 % a cargo del trabajador.

13. c) Tarifa de primas.

14. c) Exclusivamente del empresario.

15. d) Estarán sujetos a la obligación de cotizar al Régimen General de la Seguridad Social los trabajadores y asimilados comprendidos en su campo de aplicación y los empresarios por cuya cuenta trabajen.

16. c) De los empresarios y de los trabajadores.

17. a) El empresario descontará a sus trabajadores, en el momento de hacerles efectivas sus retribuciones, la aportación que corresponda a cada uno de ellos. Si no efectuase el descuento en dicho momento no podrá realizarlo con posterioridad, quedando obligado a ingresar la totalidad de las cuotas a su exclusivo cargo.

18. b) Por todo el período en que el trabajador esté en alta en el Régimen General o preste sus servicios, aunque estos revistan carácter discontinuo. Dicha obligación subsistirá asimismo respecto a los trabajadores que se encuentren cumpliendo deberes de carácter público o desempeñando cargos de representación sindical, siempre que ello no dé lugar a la excedencia en el trabajo.

19. b) Aquellos por el cual el trabajador asuma la obligación de pagar total o parcialmente la prima o parte de cuota a cargo del empresario.

20. c) Todo pacto que pretenda alterar las bases de cotización.

La Ley 39/2015, de 1 de octubre, del Procedimiento Administrativo Común de las Administraciones Públicas (I). La actividad de las Administraciones Públicas: normas generales de actuación; términos y plazos. Los actos administrativos

1. Señala uno de los derechos que la Ley 39/2015, de 1 de octubre, del Procedimiento Administrativo Común de las Administraciones Públicas, reconoce a quienes tengan capacidad de obrar ante las Administraciones Públicas:

a) A la obtención y utilización de los medios de identificación y firma electrónica contemplados en la Ley 39/2015, de 1 de octubre.

b) A la protección de datos de carácter personal, y en particular a la seguridad y confidencialidad de los datos que figuren en los ficheros, sistemas y aplicaciones de las Administraciones Públicas.

c) A ser asistidos en el uso de medios electrónicos en sus relaciones con las Administraciones Públicas.

d) Todas las respuestas son correctas.

2. La Ley 39/2015, de 1 de octubre, del Procedimiento Administrativo Común de las Administraciones Públicas, reconoce a quienes tengan capacidad de obrar ante las Administraciones Públicas el derecho a comunicarse con las Administraciones Públicas a través de:

a) Un Punto de Acceso Rápido Telemático.

b) Un Punto Electrónico Central.

c) Un Punto Único Electrónico de contacto.

d) Un Punto de Acceso General electrónico de la Administración.

3. ¿Qué norma reguló el Esquema Nacional de Interoperabilidad?

a) La Ley 30/1992, de 26 de noviembre.

b) La Ley 11/2007, de 22 de junio.

c) El Real Decreto 4/2010, de 8 de enero.

d) El Real Decreto 12/2015, de 9 de abril.

4. A menos que la naturaleza del documento exija otra forma más adecuada de expresión y constancia, las Administraciones Públicas deberán emitir los documentos administrativos:

a) Preferiblemente de forma verbal.
b) Por escrito, a través de medios electrónicos.
c) Verbal o en su defecto por escrito.
d) De cualquier forma que deje constancia de su recepción.

5. Indica cuál de los siguientes documentos electrónicos emitidos por las Administraciones Públicas no requieren de firma electrónica, aunque sí precisan identificar su origen:

a) Los documentos que formen parte de un expediente administrativo.
b) Los documentos que se publiquen con carácter sancionador.
c) Los documentos que se publiquen con carácter meramente informativo.
d) Todos los documentos electrónicos emitidos por una Administración Pública requieren de firma electrónica.

6. Para ser considerados válidos, los documentos electrónicos deben cumplir, entre otros, con el siguiente requisito:

a) Incorporar una referencia temporal del momento en que han sido emitidos.
b) Incorporar los metadatos mínimos exigidos.
c) Disponer de los datos de identificación que permitan su individualización, sin perjuicio de su posible incorporación a un expediente electrónico.
d) Todas las respuestas son correctas.

7. ¿Cuándo podrán los interesados solicitar la expedición de copias auténticas de los documentos públicos administrativos que hayan sido válidamente emitidos por las Administraciones Públicas?

a) Únicamente en la fase de audiencia.
b) Solo en la fase de prueba.
c) Siempre antes de la resolución del expediente administrativo.
d) En cualquier momento.

8. La solicitud de copias auténticas de los documentos públicos administrativos que hayan sido válidamente emitidos por las Administraciones Públicas se dirigirá al órgano que emitió el documento original, debiendo expedirse, salvo las excepciones derivadas de la aplicación de la Ley 19/2013, de 9 de diciembre, en el plazo de:

a) Un mes a contar desde la recepción de la solicitud en el registro electrónico de la Administración u Organismo competente.
b) Veinte días a contar desde la recepción de la solicitud en el registro electrónico de la Administración u Organismo competente.

c) Quince días a contar desde la recepción de la solicitud en el registro electrónico de la Administración u Organismo competente.

d) Diez días a contar desde la recepción de la solicitud en el registro electrónico de la Administración u Organismo competente.

9. Señala la respuesta incorrecta respecto a la validez y eficacia de las copias realizadas por las Administraciones Públicas:

a) Las copias auténticas realizadas por una Administración Pública únicamente tendrán validez en esa Administración Pública.

b) Las copias auténticas tendrán la misma validez y eficacia que los documentos originales.

c) Cada Administración Pública determinará los órganos que tengan atribuidas las competencias de expedición de copias auténticas de los documentos públicos administrativos o privados.

d) Las Administraciones Públicas estarán obligadas a expedir copias auténticas electrónicas de cualquier documento en papel que presenten los interesados y que se vaya a incorporar a un expediente administrativo.

10. Los documentos que los interesados dirijan a los órganos de las Administraciones Públicas podrán presentarse:

a) En las oficinas de Correos, en la forma que reglamentariamente se establezca.

b) En las representaciones diplomáticas u oficinas consulares de España en el extranjero.

c) En las oficinas de asistencia en materia de registros.

d) Todas las respuestas son correctas.

11. Los actos deben motivarse:

a) Siempre.

b) Nunca.

c) Cuando decidan un procedimiento.

d) Cuando la ley lo prescriba.

12. No tienen por qué motivarse los actos que:

a) Resuelvan recursos.

b) Limiten derechos subjetivos.

c) Se separen del dictamen de órganos consultivos.

d) Todos los anteriores deben motivarse.

13. En la notificación de todo acto administrativo no es necesario que conste siempre:

a) Su texto íntegro.

b) Los recursos que contra el mismo procedan.

c) Los motivos en que se basa la decisión.

d) El plazo de interposición de los recursos.

14. ¿En qué supuestos la notificación se hará por medio de un anuncio publicado en el Boletín Oficial del Estado?

a) Cuando se ignore el lugar de la notificación.

b) Cuando los interesados en un procedimiento sean conocidos.

c) Cuando intentada la notificación, no se hubiera podido practicar.

d) Las respuestas a) y c) son correctas.

15. Para que un acto tenga eficacia retroactiva es necesario que:

a) Limite derechos de los particulares.

b) Restrinja el ejercicio de facultades de los particulares.

c) Imponga deberes u obligaciones.

d) No se lesionen derechos de otras personas.

16. La presunción de legitimidad de los actos administrativos:

a) No admite prueba en contrario.

b) Dependerá de lo que el propio acto establezca.

c) Puede ser objeto de impugnación por el particular.

d) Solo se da cuando la ley expresamente lo diga.

17. Cuando la notificación se practique en el domicilio del interesado, de no hallarse presente, podrá hacerse cargo de la misma cualquier persona que se encuentre en el domicilio, haga constar su identidad y sea:

a) Mayor de catorce años.

b) Mayor de dieciséis años.

c) Mayor de dieciocho años.

d) Mayor de veintiún años.

18. Cuando el Delegado Provincial de una Consejería de una Comunidad Autónoma de una Provincia concreta resuelve un recurso administrativo en materia propia de la Delegación Provincial de otra Consejería de distinta Provincia, incurre en una incompetencia:

a) Funcional y jerárquica.

b) Territorial y jerárquica.

c) Funcional y territorial.

d) Territorial exclusivamente.

19. Cuando el acto administrativo presenta un vicio que no le hace incurrir en nulidad absoluta ni en anulabilidad, se considera:

a) Irregular.
b) Defectuoso.
c) Inválido.
d) Viciado.

20. Cuando la notificación por medios electrónicos sea de carácter obligatorio, se entenderá rechazada cuando:

a) Hayan transcurrido veinte días naturales desde la puesta a disposición de la notificación sin que se acceda a su contenido.
b) Hayan transcurrido diez días naturales desde la puesta a disposición de la notificación sin que se acceda a su contenido.
c) Hayan transcurrido diez días hábiles desde la puesta a disposición de la notificación sin que se acceda a su contenido.
d) Hayan transcurrido veinte días hábiles desde la puesta a disposición de la notificación sin que se acceda a su contenido.

En MADTEST tienes **más preguntas de este tema**, y todos tus avances quedan registrados y se reflejan en el ranking.

¡Supera tus límites con MADTEST!

Solución al test n.º 20

1. d) Todas las respuestas son correctas.

2. d) Un Punto de Acceso General electrónico de la Administración.

3. c) El Real Decreto 4/2010, de 8 de enero.

4. b) Por escrito, a través de medios electrónicos.

5. c) Los documentos que se publiquen con carácter meramente informativo.

6. d) Todas las respuestas son correctas.

7. d) En cualquier momento.

8. c) Quince días a contar desde la recepción de la solicitud en el registro electrónico de la Administración u Organismo competente.

9. a) Las copias auténticas realizadas por una Administración Pública únicamente tendrán validez en esa Administración Pública.

10. d) Todas las respuestas son correctas.

11. d) Cuando la ley lo prescriba.

12. d) Todos los anteriores deben motivarse.

13. c) Los motivos en que se basa la decisión.

14. d) Las respuestas a) y c) son correctas.

15. d) No se lesionen derechos de otras personas.

16. c) Puede ser objeto de impugnación por el particular.

17. a) Mayor de catorce años.

18. c) Funcional y territorial.

19. a) Irregular.

20. b) Hayan transcurrido diez días naturales desde la puesta a disposición de la notificación sin que se acceda a su contenido.

La Ley 39/2015,de 1 de octubre, del Procedimiento Administrativo Común de las Administraciones Públicas (II). Identificación y firma de los interesados en el procedimiento administrativo. El procedimiento administrativo común: iniciación, ordenación, instrucción y finalización. Revisión de los actos en vía administrativa

1. Señala qué recurso cabe contra el acuerdo de acumulación de procedimientos administrativos:

a) Recurso de alzada.
b) Recurso extraordinario de revisión.
c) Recurso de reposición, en el plazo de un mes.
d) Ningún recurso.

2. ¿Cuándo se iniciarán de oficio los procedimientos?

a) Por denuncia.
b) Por acuerdo del órgano competente.
c) Por propia iniciativa.
d) Todas las respuestas son correctas.

3. Señala la respuesta incorrecta respecto al inicio del procedimiento por denuncia:

a) Las denuncias deberán expresar la identidad de la persona o personas que las presentan y el relato de los hechos que se ponen en conocimiento de la Administración.
b) La presentación de una denuncia confiere, por sí sola, la condición de interesado en el procedimiento.
c) Cuando la denuncia invocara un perjuicio en el patrimonio de las Administraciones Públicas la no iniciación del procedimiento deberá ser motivada y se notificará a los denunciantes la decisión de si se ha iniciado o no el procedimiento.
d) Se entiende por denuncia el acto por el que cualquier persona, en cumplimiento o no de una obligación legal, pone en conocimiento de un órgano administrativo la existencia de un determinado hecho que pudiera justificar la iniciación de oficio de un procedimiento administrativo.

4. ¿En qué caso se podrá imponer una sanción sin que se haya tramitado el oportuno procedimiento?

a) En casos de urgente necesidad.
b) En situaciones excepcionales, como por ejemplo, situaciones de crisis sanitarias o epidemias.
c) Las respuestas a) y b) son correctas.
d) En ningún caso.

5. ¿Cuál de los siguientes datos no es necesario que figure en las solicitudes de iniciación del procedimiento por parte de los interesados?

a) Número de teléfono.
b) Hechos, razones y petición en que se concrete, con toda claridad, la solicitud.
c) Órgano, centro o unidad administrativa a la que se dirige y su correspondiente código de identificación.
d) Firma del solicitante o acreditación de la autenticidad de su voluntad expresada por cualquier medio.

6. Los documentos que los interesados dirijan a los órganos de las Administraciones Públicas podrán presentarse:

a) En las oficinas de Correos, en la forma que reglamentariamente se establezca.
b) En el registro electrónico de la Administración u Organismo al que se dirijan.
c) En las representaciones diplomáticas u oficinas consulares de España en el extranjero.
d) Todas las respuestas son correctas.

7. Los interesados solo podrán solicitar el inicio de un procedimiento de responsabilidad patrimonial, cuando no haya prescrito su derecho a reclamar. El derecho a reclamar prescribirá:

a) Al año de producido el hecho o el acto que motive la indemnización o se manifieste su efecto lesivo.
b) A los dos años de producido el hecho o el acto que motive la indemnización o se manifieste su efecto lesivo.
c) A los cinco años de producido el hecho o el acto que motive la indemnización o se manifieste su efecto lesivo.
d) Este derecho no prescribe.

8. ¿De acuerdo con qué principio se acordarán en un solo acto todos los trámites que, por su naturaleza, admitan un impulso simultáneo y no sea obligado su cumplimiento sucesivo?

a) Con el principio de oficialidad.
b) Con el principio de eficacia.

c) Con el principio de simplificación administrativa.

d) Con el principio de rapidez administrativa.

9. Salvo en el caso de que en la norma correspondiente se fije plazo distinto, los trámites que deban ser cumplimentados por los interesados deberán realizarse en el plazo de:

a) Siete días a partir del siguiente al de la notificación del correspondiente acto.

b) Diez días a partir del siguiente al de la notificación del correspondiente acto.

c) Quince días a partir del siguiente al de la notificación del correspondiente acto.

d) Un mes a partir del siguiente al de la notificación del correspondiente acto.

10. En cualquier momento del procedimiento, cuando la Administración considere que alguno de los actos de los interesados no reúne los requisitos necesarios, lo pondrá en conocimiento de su autor, concediéndole un plazo para cumplimentarlo:

a) De cinco días.

b) De siete días.

c) De diez días.

d) De veinte días.

11. El recurso de alzada contra actos que no agotan la vía administrativa es:

a) Extraordinario.

b) La regla general.

c) Especial.

d) Inexistente.

12. La *reformatio in peius*, en materia de recursos:

a) Se admite como regla general.

b) Solo se permite en materia sancionadora.

c) Se admite cuando el recurso está claramente infundado.

d) Está expresamente prohibida.

13. Cuando hayan de tenerse en cuenta nuevos hechos o documentos no recogidos en el expediente originario, se pondrán de manifiesto a los interesados para que formulen las alegaciones que estimen procedentes, en un plazo:

a) No inferior a diez días ni superior a quince.

b) De veinte días.

c) No inferior a cinco días ni superior a veinte.

d) De treinta días.

14. La resolución de un recurso:

a) Debe circunscribirse a lo solicitado por el recurrente.
b) Resolverá cuantas cuestiones se deduzcan del expediente.
c) No es necesario que se motive.
d) Debe aceptar las razones en que se fundamente el propio recurso.

15. Si el acto fuera expreso, el plazo para la interposición del recurso de reposición será de:

a) Tres meses.
b) Diez días.
c) Quince días.
d) Un mes.

16. El recurso de alzada contra actos que no agotan la vía administrativa es:

a) Extraordinario.
b) La regla general.
c) Especial.
d) Inexistente.

17. El recurso de reposición contra actos que no agotan la vía administrativa es:

a) Ordinario.
b) Extraordinario.
c) Especial.
d) Inexistente.

18. La resolución presunta del recurso de alzada se dará, si no recae resolución, al/a los:

a) Quince días de interponerlo.
b) Mes de su interposición.
c) Tres meses de su interposición.
d) En cualquier momento a partir del día siguiente a aquel en que, de acuerdo con su normativa específica, se produzcan los efectos del silencio administrativo.

19. El silencio administrativo en el recurso de alzada puede ser positivo en el siguiente caso:

a) Cuando el recurso se presentó contra un acto presunto desestimatorio de la solicitud del ciudadano.
b) Cuando perjudique al ciudadano.
c) Siempre que beneficie al interés público.
d) En ningún supuesto es positivo.

20. Para plantear un recurso administrativo:

a) Hay que tener capacidad jurídica, sin requerirse la capacidad de obrar.

b) Basta con la capacidad de obrar.

c) Se requiere, siempre, ser titular de un derecho subjetivo afectado por el acto que se recurre.

d) Puede hacerlo quien ostente la condición de interesado.

En MADTEST tienes **más preguntas de este tema**, y todos tus avances quedan registrados y se reflejan en el ranking.

¡Supera tus límites con MADTEST!

Solución al test n.º 21

1. d) Ninguno de los recursos anteriores.

2. d) Todas las respuestas son correctas.

3. b) La presentación de una denuncia confiere, por sí sola, la condición de interesado en el procedimiento.

4. d) En ningún caso.

5. a) Número de teléfono.

6. d) Todas las respuestas son correctas.

7. a) Al año de producido el hecho o el acto que motive la indemnización o se manifieste su efecto lesivo.

8. c) Con el principio de simplificación administrativa.

9. b) Diez días a partir del siguiente al de la notificación del correspondiente acto.

10. c) De diez días.

11. b) La regla general.

12. d) Está expresamente prohibida.

13. a) No inferior a diez días ni superior a quince.

14. b) Resolverá cuantas cuestiones se deduzcan del expediente.

15. d) Un mes.

16. b) La regla general.

17. d) Inexistente.

18. c) Tres meses de su interposición.

19. a) Cuando el recurso se presentó contra un acto presunto desestimatorio de la solicitud del ciudadano.

20. d) Puede hacerlo quien ostente la condición de interesado.

Ley 40/2015, de 1 de octubre, de Régimen Jurídico del Sector Público. Disposiciones generales. Los órganos de las Administraciones Públicas. Principios de la potestad sancionadora. La responsabilidad patrimonial de las Administraciones Públicas. Funcionamiento electrónico del sector público

1. En cuanto a la competencia de los órganos administrativos:

a) La competencia es renunciable por los órganos que la tengan atribuida.

b) La titularidad y el ejercicio de las competencias atribuidas a los órganos administrativos no podrán ser desconcentradas en otros jerárquicamente dependientes de aquellos.

c) La encomienda de gestión, la delegación de firma y la suplencia no suponen alteración de la titularidad de la competencia, aunque sí de los elementos determinantes de su ejercicio que en cada caso se prevén.

d) Si alguna disposición atribuye competencia a una Administración, sin especificar el órgano que debe ejercerla, se entenderá que la facultad de instruir y resolver los expedientes corresponde a los órganos superiores competentes por razón de la materia y del territorio.

2. En referencia a los órganos administrativos, podrán delegar competencias relativas a:

a) Asuntos que se refieran a relaciones con la Jefatura del Estado.

b) La adopción de disposiciones de carácter general.

c) La resolución de recursos en los órganos administrativos que hayan dictado los actos objeto de recurso.

d) El ejercicio de la potestad sancionadora.

3. En relación con la delegación de competencias entre órganos administrativos, no es cierto que:

a) La delegación puede ser revocada en cualquier momento por el órgano que la haya conferido.

b) La delegación de competencias atribuidas a órganos colegiados, para cuyo ejercicio ordinario se requiera un quórum especial, deberá adoptarse observando, en todo caso, dicho quórum.

c) Las competencias que se ejercen por delegación pueden ser delegadas.

d) No podrán ser delegadas aquellas materias en que así se determine por norma con rango de ley.

4. En cuanto a la delegación de firma, es cierto que:

a) La delegación de firma altera la competencia del órgano delegante.

b) Para su validez es necesaria su publicación.

c) Solo puede delegarse la firma en materias que se ostenten por atribución.

d) En las resoluciones y actos que se firmen por delegación se hará constar la autoridad de procedencia.

5. En relación con los conflictos de atribuciones entre órganos administrativos, no es cierto que:

a) El órgano administrativo que se estime incompetente para la resolución de un asunto remitirá directamente las actuaciones al órgano que considere competente.

b) Los interesados que sean parte en el procedimiento podrán dirigirse al órgano que se encuentre conociendo de un asunto para que decline su competencia y remita las actuaciones al órgano competente.

c) Los interesados podrán dirigirse al órgano que estimen competente para que requiera de inhibición al que esté conociendo del asunto.

d) Los conflictos de atribuciones solo podrán suscitarse entre órganos de una misma Administración relacionados jerárquicamente.

6. En relación con las instrucciones y órdenes de servicio, no es cierto que:

a) El incumplimiento de las instrucciones u órdenes de servicio supone la invalidez de los actos dictados por los órganos administrativos.

b) Son normas de carácter interno, que no han de afectar a los administrados.

c) No requieren un especial procedimiento de elaboración.

d) Su cumplimiento se subordina al conocimiento de las mismas por sus destinatarios.

7. Señala la respuesta incorrecta. Las autoridades y el personal al servicio de las Administraciones se abstendrán de intervenir en el procedimiento:

a) Cuando tengan interés personal en el asunto de que se trate o en otro en cuya resolución pudiera influir la de aquel.

b) Si tienen parentesco de consanguinidad o de afinidad dentro del cuarto grado, con cualquiera de los interesados.

c) Tener amistad íntima con los administradores de entidades o sociedades interesadas o con los asesores, representantes legales o mandatarios que intervengan en el procedimiento.

d) Haber tenido intervención como perito o como testigo en el procedimiento de que se trate.

8. Señala la respuesta correcta en relación con la abstención en el procedimiento:

a) La actuación de autoridades y personal al servicio de las Administraciones Públicas en los que concurran motivos de abstención implicará, necesariamente, la invalidez de los actos en que hayan intervenido.

b) Los órganos jerárquicamente superiores podrán ordenar a las personas en quienes se dé alguna de las circunstancias señaladas en el art. 23 de la LRJSP que se abstengan de toda intervención en el expediente.

c) La no abstención en los casos en que proceda no dará lugar a responsabilidad.

d) La enemistad manifiesta no es motivo de abstención en el procedimiento de una autoridad de la Administración Pública.

9. En lo concerniente a la recusación, a la que se refiere el art. 24 de la LRJSP:

a) La recusación deberá promoverse por los interesados antes de que se inicie la tramitación del procedimiento.

b) La recusación se planteará por escrito en el que se expresará la causa o causas en que se funda.

c) Si el recusado niega la causa de recusación, el superior resolverá en el plazo de tres meses, previos los informes y comprobaciones que considere oportunos.

d) Contra las resoluciones adoptadas en esta materia cabe recurso de alzada.

10. Los órganos administrativos podrán dirigir las actividades de sus órganos jerárquicamente dependientes mediante:

a) Instrucciones y Órdenes de servicio.

b) Circulares.

c) Notas de servicio y Recomendaciones.

d) Directrices y Avisos.

11. ¿En qué caso se podrá imponer una sanción sin que se haya tramitado el oportuno procedimiento?

a) En casos de urgente necesidad.

b) En situaciones excepcionales, como por ejemplo, situaciones de crisis sanitarias o epidemias.

c) Las respuestas a) y b) son correctas.

d) En ningún caso.

12. Los interesados solo podrán solicitar el inicio de un procedimiento de responsabilidad patrimonial, cuando no haya prescrito su derecho a reclamar. El derecho a reclamar prescribirá:

a) Al año de producido el hecho o el acto que motive la indemnización o se manifieste su efecto lesivo.

b) A los dos años de producido el hecho o el acto que motive la indemnización o se manifieste su efecto lesivo.

c) A los cinco años de producido el hecho o el acto que motive la indemnización o se manifieste su efecto lesivo.

d) Este derecho no prescribe.

13. En el caso de los procedimientos de responsabilidad patrimonial será preceptivo solicitar informe al servicio cuyo funcionamiento haya ocasionado la presunta lesión indemnizable, no pudiendo exceder el plazo de su emisión de:

a) Diez días.
b) Quince días.
c) Veinte días.
d) Un mes.

14. A tenor del artículo 92 LPACAP, en el ámbito de la Administración General del Estado, los procedimientos de responsabilidad patrimonial se resolverán por:

a) El Ministro respectivo.
b) El Presidente del Gobierno.
c) El Consejo de Ministros.
d) Las respuestas a) y c) son correctas.

15. Las infracciones administrativas se clasificarán por la Ley en:

a) Graves y leves.
b) Leves, graves y muy graves.
c) Leves, graves, menos graves y muy graves.
d) Muy graves, graves y menos graves.

16. En la determinación normativa del régimen sancionador, así como en la imposición de sanciones por las Administraciones Públicas se deberá observar la debida idoneidad y necesidad de la sanción a imponer y su adecuación a la gravedad del hecho constitutivo de la infracción. La graduación de la sanción considerará especialmente el siguiente criterio:

a) La naturaleza de los perjuicios causados.
b) El grado de culpabilidad o la existencia de intencionalidad.
c) La reincidencia, por comisión en el término de un año de más de una infracción de la misma naturaleza cuando así haya sido declarado por resolución firme en vía administrativa.
d) Todas las respuestas son correctas.

17. Cuando de la comisión de una infracción derive necesariamente la comisión de otra u otras, se deberá imponer:

a) Únicamente la sanción correspondiente a la infracción más grave cometida.
b) Únicamente la sanción correspondiente a la infracción más leve cometida.

c) Únicamente la sanción correspondiente a la primera infracción cometida.
d) Todas y cada una de las sanciones correspondientes a las infracciones cometidas.

18. Las infracciones y sanciones prescribirán según lo dispuesto en las leyes que las establezcan. Si estas no fijan plazos de prescripción, las infracciones muy graves prescribirán:

a) A los cinco años.
b) A los tres años.
c) Al año.
d) A los seis meses.

19. Las infracciones leves prescribirán:

a) Al año.
b) A los seis meses.
c) A los tres meses.
d) Al mes.

20. ¿Cuándo prescriben las sanciones impuestas por faltas graves?

a) A los cinco años.
b) A los tres años.
c) A los dos años.
d) Al año.

En MADTEST tienes **más preguntas de este tema**, y todos tus avances quedan registrados y se reflejan en el ranking.

¡Supera tus límites con MADTEST!

Solución al test n.º 22

1. c) La encomienda de gestión, la delegación de firma y la suplencia no suponen alteración de la titularidad de la competencia, aunque sí de los elementos determinantes de su ejercicio que en cada caso se prevén.

2. d) El ejercicio de la potestad sancionadora.

3. c) Las competencias que se ejercen por delegación pueden ser delegadas.

4. d) En las resoluciones y actos que se firmen por delegación se hará constar la autoridad de procedencia.

5. d) Los conflictos de atribuciones sólo podrán suscitarse entre órganos de una misma Administración relacionados jerárquicamente.

6. a) El incumplimiento de las instrucciones u órdenes de servicio supone la invalidez de los actos dictados por los órganos administrativos.

7. b) Si tienen parentesco de consanguinidad o de afinidad dentro del cuarto grado, con cualquiera de los interesados.

8. b) Los órganos jerárquicamente superiores podrán ordenar a las personas en quienes se dé alguna de las circunstancias señaladas en el art. 23 de la LRJSP que se abstengan de toda intervención en el expediente.

9. b) La recusación se planteará por escrito en el que se expresará la causa o causas en que se funda.

10. a) Instrucciones y Órdenes de servicio.

11. d) En ningún caso.

12. a) Al año de producido el hecho o el acto que motive la indemnización o se manifieste su efecto lesivo.

13. a) Diez días.

14. d) Las respuestas a) y c) son correctas.

15. b) Leves, graves y muy graves.

16. d) Todas las respuestas son correctas.

17. a) Únicamente la sanción correspondiente a la infracción más grave cometida.

18. b) A los tres años.

19. b) A los seis meses.

20. c) A los dos años.

La Ley 40/2015, de 1 de octubre, de Régimen Jurídico del Sector Público (II). Funcionamiento electrónico del sector público. El reglamento de actuación y funcionamiento del sector público por medios electrónicos: comunicaciones y notificaciones electrónicas; el expediente administrativo electrónico

1. ¿Cuál es el órgano técnico de cooperación de la Administración General del Estado, de las Administraciones de las Comunidades Autónomas y de las Entidades Locales en materia de administración electrónica?

a) El Consejo Técnico de Cooperación de administración electrónica.
b) La Comisión Sectorial de administración electrónica.
c) La Conferencia Sectorial de Administración Pública.
d) El Comité Sectorial de administración electrónica.

2. ¿De quién depende la Comisión Sectorial de Administración Electrónica a tenor de la Ley 40/2015, de 1 de octubre, de Régimen Jurídico del Sector Público?

a) De la Federación Española de Municipios y Provincias.
b) De la Secretaría General de Administración Digital.
c) De la Conferencia Sectorial de Administración Pública.
d) Del Secretario General de Administración Digital del Ministerio para la Transformación Digital y de la Función Pública.

3. Señala una de las funciones que desarrolla la Comisión Sectorial de la administración electrónica:

a) Impulsar el desarrollo de la administración electrónica en España.
b) Asegurar la cooperación entre las Administraciones Públicas para proporcionar información administrativa clara, actualizada e inequívoca.
c) Asegurar la compatibilidad e interoperabilidad de los sistemas y aplicaciones empleados por las Administraciones Públicas.
d) Todas las respuestas son correctas.

4. ¿Cómo se denomina, a tenor del art. 39 de la Ley 40/2015, de 1 de octubre, de Régimen Jurídico del Sector Público, al punto de acceso electrónico cuya titularidad corresponda a una Administración Pública, organismo público o entidad de Derecho Público que permite el acceso a través de internet a la información publicada y, en su caso, a la sede electrónica correspondiente?

a) Portal web.
b) Punto de acceso de internet.
c) Portal electrónico digital.
d) Portal de internet.

5. ¿Dónde se regulan los aspectos estrictamente procedimentales del funcionamiento electrónico del sector público?

a) En la Ley 39/2015, de 1 de octubre, del Procedimiento Administrativo Común de las Administraciones Públicas.
b) En la Ley 40/2015, de 1 de octubre, de Régimen Jurídico del Sector Público.
c) En la Ley 56/2007, de 28 de diciembre, de Medidas de Impulso de la Sociedad de la Información.
d) En la Ley 6/2020, de 11 de noviembre, reguladora de determinados aspectos de los servicios electrónicos de confianza.

6. ¿Cuál de los siguientes datos deberán de incluir los certificados electrónicos que utilicen las Administraciones Públicas para identificarse mediante el uso de un sello electrónico?

a) La denominación correspondiente.
b) El número de identificación fiscal.
c) La identidad de la persona titular en el caso de los sellos electrónicos de órganos administrativos.
d) Todas las respuestas anteriores son correctas.

7. Cualquier acto o actuación realizada íntegramente a través de medios electrónicos por una Administración Pública en el marco de un procedimiento administrativo y en la que no haya intervenido de forma directa un empleado público, se denomina a tenor del art. 41 de la Ley 40/2015, de 1 de octubre, de Régimen Jurídico del Sector Público, como:

a) Actuación administrativa electrónica.
b) Actuación administrativa digital.
c) Actuación administrativa automatizada.
d) Actuación administrativa virtual.

8. Señala la respuesta incorrecta respecto al intercambio electrónico de datos en entornos cerrados de comunicación:

a) Cuando los participantes en las comunicaciones pertenezcan a una misma Administración Pública, esta determinará las condiciones y garantías por las que se regirá.

b) Deberá garantizarse en todo caso la seguridad del entorno cerrado de comunicaciones y la protección de los datos que se transmitan.

c) Serán considerados válidos a efectos de autenticación los documentos electrónicos transmitidos en entornos cerrados de comunicaciones establecidos entre Administraciones Públicas, órganos, organismos públicos y entidades de derecho público, aunque no lo serán a efectos de identificación de los emisores y receptores.

d) Cuando los participantes pertenezcan a distintas Administraciones, las condiciones y garantías para el intercambio electrónico de datos se establecerán mediante convenio suscrito entre aquellas.

9. Los medios o soportes en que se almacenen documentos, deberán contar con medidas de seguridad, de acuerdo con lo previsto en el Esquema Nacional de Seguridad, que garanticen respecto de los documentos almacenados:

a) La integridad, autenticidad, confidencialidad, seguridad y conservación de los documentos.

b) La integridad, autenticidad, confidencialidad, calidad, garantía y conservación de los documentos.

c) La integridad, autenticidad, confidencialidad, calidad, protección y conservación de los documentos.

d) La invulnerabilidad, autenticidad, confidencialidad, calidad, seguridad y conservación de los documentos.

10. La capacidad de los sistemas de información de compartir datos y posibilitar el intercambio de información entre ellos responde al principio de:

a) Adaptabilidad a las nuevas tecnologías.
b) Interoperabilidad.
c) Proactividad.
d) Facilidad.

11. El Reglamento de actuación y funcionamiento del sector público por medios electrónicos fue aprobado por:

a) Real Decreto 311/2022.
b) Ley 39/2015.
c) Real Decreto 203/2021, de 30 de marzo.
d) Real Decreto-ley 14/2019.

12. El principio de interoperabilidad se entiende como:

a) La capacidad de actualización tecnológica.

b) La capacidad de los sistemas de información de compartir datos y posibilitar el intercambio de información entre ellos.

c) La adaptación a normas internacionales.

d) La compatibilidad presupuestaria.

13. Las notificaciones se practicarán:

a) Exclusivamente en papel.

b) Preferentemente por medios electrónicos y, en todo caso, cuando el interesado resulte obligado a recibirlas por esta vía.

c) Únicamente mediante comparecencia presencial.

d) Mediante publicación en boletines oficiales.

14. En ningún caso se podrán efectuar por medios electrónicos las notificaciones:

a) Que se realicen de oficio.

b) Que incluyan informes técnicos.

c) En las que el acto a notificar vaya acompañado de elementos que no sean susceptibles de conversión en formato electrónico.

d) Que contengan plazos administrativos.

15. La Dirección Electrónica Habilitada única es gestionada por:

a) El Ministerio del Interior.

b) El Ministerio de Justicia.

c) El Ministerio de Asuntos Económicos y Transformación Digital en colaboración con el Ministerio de Hacienda y Función Pública.

d) La Agencia Tributaria.

16. Se entiende por documento administrativo electrónico:

a) Cualquier documento digitalizado.

b) La información de cualquier naturaleza en forma electrónica, archivada en un soporte electrónico, según un formato determinado y susceptible de identificación y tratamiento diferenciado admitido en el Esquema Nacional de Interoperabilidad y normativa correspondiente, y que haya sido generada, recibida o incorporada por las Administraciones Públicas en el ejercicio de sus funciones sujetas a Derecho administrativo.

c) El documento firmado electrónicamente por funcionario.

d) El documento escaneado con firma manuscrita.

17. Las copias auténticas se expedirán siempre a partir de:

a) Una fotocopia simple.
b) Un documento provisional.
c) Un original o de otra copia auténtica.
d) Un borrador validado.

18. Los interesados tienen derecho a no aportar documentos que:

a) No estén en formato electrónico.
b) Ya se encuentren en poder de la Administración actuante o hayan sido elaborados por cualquier otra Administración.
c) Sean anteriores a cinco años.
d) Estén publicados en boletines oficiales.

19. El expediente administrativo es:

a) El archivo general de documentos.
b) El conjunto ordenado de documentos y actuaciones que sirven de antecedente y fundamento a la resolución administrativa, así como las diligencias encaminadas a ejecutarla.
c) El registro de entrada electrónico.
d) La base de datos documental.

20. Los documentos presentados por el interesado que no puedan ser devueltos, una vez digitalizados, serán conservados a su disposición durante:

a) Tres meses.
b) Seis meses.
c) Un año.
d) Dos años.

En MADTEST tienes **más preguntas de este tema**, y todos tus avances quedan registrados y se reflejan en el ranking.

¡Supera tus límites con MADTEST!

Solución al test n.º 23

1. b) La Comisión Sectorial de administración electrónica.

2. c) De la Conferencia Sectorial de Administración Pública.

3. d) Todas las respuestas son correctas.

4. d) Portal de internet.

5. a) En la Ley 39/2015, de 1 de octubre, del Procedimiento Administrativo Común de las Administraciones Públicas.

6. d) Todas las respuestas anteriores son correctas.

7. c) Actuación administrativa automatizada.

8. c) Serán considerados válidos a efectos de autenticación los documentos electrónicos transmitidos en entornos cerrados de comunicaciones establecidos entre Administraciones Públicas, órganos, organismos públicos y entidades de derecho público, aunque no lo serán a efectos de identificación de los emisores y receptores.

9. c) La integridad, autenticidad, confidencialidad, calidad, protección y conservación de los documentos.

10. b) Interoperabilidad.

11. c) Real Decreto 203/2021, de 30 de marzo.

12. b) La capacidad de los sistemas de información de compartir datos y posibilitar el intercambio de información entre ellos.

13. b) Preferentemente por medios electrónicos y, en todo caso, cuando el interesado resulte obligado a recibirlas por esta vía.

14. c) En las que el acto a notificar vaya acompañado de elementos que no sean susceptibles de conversión en formato electrónico.

15. c) El Ministerio de Asuntos Económicos y Transformación Digital en colaboración con el Ministerio de Hacienda y Función Pública.

16. b) La información de cualquier naturaleza en forma electrónica, archivada en un soporte electrónico, según un formato determinado y susceptible de identificación y tratamiento diferenciado admitido en el Esquema Nacional de Interoperabilidad y normativa correspondiente, y que haya sido generada, recibida o incorporada por las Administraciones Públicas en el ejercicio de sus funciones sujetas a Derecho administrativo.

17. c) Un original o de otra copia auténtica.

18. b) Ya se encuentren en poder de la Administración actuante o hayan sido elaborados por cualquier otra Administración.

19. b) El conjunto ordenado de documentos y actuaciones que sirven de antecedente y fundamento a la resolución administrativa, así como las diligencias encaminadas a ejecutarla.

20. b) Seis meses.

Decreto Legislativo 1/1999, de 2 de diciembre, por el que aprueba el Texto Refundido de la Ley de Hacienda de la Región de Murcia. Principios generales. Concepto, elaboración y aprobación de los Presupuestos Generales de la Comunidad Autónoma

1. La Ley de Hacienda Pública de la Región de Murcia vigente es:

a) La Ley 3/1990.
b) La Ley 11/1998.
c) El Decreto Legislativo 1/1999.
d) La Ley 7/1993.

2. De acuerdo con el principio de unidad de caja:

a) El presupuesto se elaborará considerando los objetivos y prioridades establecidos por la ordenación y planificación de la actividad económica regional.
b) Se integrarán y custodiarán en el Tesoro Público Regional todos los fondos y valores de la Hacienda Pública regional.
c) Los recursos de la Hacienda Pública regional se destinarán a satisfacer el conjunto de sus obligaciones salvo que por ley se establezca su afectación a fines determinados.
d) Ninguna respuesta es correcta.

3. Quedan sometidos al principio de reserva de ley:

a) Los Presupuestos Generales de la Comunidad Autónoma.
b) El régimen general y especial en materia financiera de los organismos autónomos regionales.
c) La modificación de un tributo propio.
d) Todas las respuestas anteriores son correctas.

4. Indica cuál es la definición legal de Presupuesto según el Decreto Legislativo 1/1999:

a) Los Presupuestos Generales de la Comunidad Autónoma constituyen la expresión cifrada, conjunta y sistemática de: a.- Las obligaciones que, como mínimo, pueden reconocer la Administración Pública regional y sus organismos autónomos, y los derechos que se prevean liquidar durante el correspondiente ejercicio. b.- Las estimaciones de gastos e ingresos a realizar por las entidades públicas empresariales, otras entidades de derecho público de la Comunidad Autónoma de la Región de Murcia, sociedades mercantiles regionales y fundaciones del sector público autonómico.

b) Los Presupuestos Generales de la Comunidad Autónoma constituyen la expresión cifrada, conjunta y sistemática de: a.- Las obligaciones que pueden reconocer la Administración Pública regional y sus organismos autónomos, y los derechos que se prevean liquidar durante el correspondiente ejercicio. b.- Las estimaciones de gastos e ingresos a realizar por las entidades públicas empresariales, otras entidades de derecho público de la Comunidad Autónoma de la Región de Murcia, sociedades mercantiles regionales y fundaciones del sector público autonómico.

c) Los Presupuestos Generales de la Comunidad Autónoma constituyen la expresión cifrada, conjunta y sistemática de: a.- Las obligaciones que, como máximo, pueden reconocer la Administración Pública regional y sus organismos autónomos, y los derechos que se prevean liquidar durante el correspondiente ejercicio. b.- Las cantidad exacta de gastos e ingresos a realizar por las entidades públicas empresariales, otras entidades de derecho público de la Comunidad Autónoma de la Región de Murcia, sociedades mercantiles regionales y fundaciones del sector público autonómico.

d) Los Presupuestos Generales de la Comunidad Autónoma constituyen la expresión cifrada, conjunta y sistemática de: a.- Las obligaciones que, como máximo, pueden reconocer la Administración Pública regional y sus organismos autónomos, y los derechos que se prevean liquidar durante el correspondiente ejercicio. b.- Las estimaciones de gastos e ingresos a realizar por las entidades públicas empresariales, otras entidades de derecho público de la Comunidad Autónoma de la Región de Murcia, sociedades mercantiles regionales, fundaciones del sector público autonómico y consorcios adscritos a la Administración Pública regional.

5. El ejercicio presupuestario coincidirá con el año natural y a él se imputarán:

a) Las obligaciones reconocidas hasta el 31 de octubre del correspondiente ejercicio, siempre que correspondan a adquisiciones, obras, servicios, prestaciones o gastos en general realizados dentro del mismo y con cargo a los respectivos créditos.

b) Las obligaciones reconocidas hasta el 31 de diciembre del correspondiente ejercicio, siempre que correspondan a gastos de personal o en bienes corrientes y de servicios o gastos en general realizados dentro del mismo y con cargo a los respectivos créditos.

c) Las obligaciones reconocidas hasta el 1 de diciembre del correspondiente ejercicio, siempre que correspondan a gastos financieros o gastos en general realizados dentro del mismo y con cargo a los respectivos créditos.

d) Las obligaciones reconocidas hasta el 31 de diciembre del correspondiente ejercicio, siempre que correspondan a adquisiciones, obras, servicios, prestaciones o gastos en general realizados dentro del mismo y con cargo a los respectivos créditos.

6. La estructura de los Presupuestos Generales de la Comunidad Autónoma se determinará por:

a) El Presidente de la Región.
b) El Consejo de Gobierno.

c) La Consejería de Economía, Hacienda y Administración Digital.
d) La Asamblea Regional.

7. La clasificación orgánica de los créditos hace que se agrupen por:

a) Capítulos, conceptos y subconceptos.
b) Centros.
c) Grupos.
d) Secciones y Servicios.

8. El Capítulo 3 de la clasificación económica de ingresos es:

a) Impuestos indirectos.
b) Enajenación de inversiones reales.
c) Ingresos patrimoniales.
d) Tasas, precios públicos y otros ingresos.

9. El Capítulo 7 de la clasificación económica de ingresos es:

a) Transferencias de capital.
b) Enajenación de inversiones reales.
c) Activos financieros.
d) Pasivos financieros.

10. El Capítulo 5 de la clasificación económica de gastos es:

a) Gastos financieros.
b) Fondo de Contingencia y otros fondos.
c) Ingresos patrimoniales.
d) Gastos de personal.

11. El Capítulo 2 de la clasificación económica de gastos es:

a) Impuestos indirectos.
b) Transferencias corrientes.
c) Gastos en bienes corrientes y servicios.
d) Transferencias de capital.

12. El Grupo 4 de la clasificación funcional de ingresos es:

a) Producción de Bienes Públicos de Carácter Social.
b) Seguridad, Protección y Promoción Social.
c) Producción de Bienes Públicos de Carácter Económico.
d) Servicios de Carácter General.

13. La Sección 12 de la clasificación orgánica de gastos es:

a) Consejería de Presidencia.
b) Consejería de Salud.
c) Consejería de Educación.
d) Consejería de Agua, Agricultura, Ganadería, Pesca Medio Ambiente y Emergencias.

14. Los órganos de la Comunidad Autónoma, con dotaciones diferenciadas en los Presupuestos Generales de la Comunidad Autónoma, remitirán a la Consejería de Economía y Hacienda el anteproyecto correspondiente a sus estados de gastos antes del:

a) 1 de junio de cada año.
b) 1 de julio de cada año.
c) 30 de junio de cada año.
d) 31 de julio de cada año.

15. El Proyecto de Presupuesto se remitirá a la Asamblea Regional con una antelación mínima de:

a) Dos meses a la fecha de inicio del correspondiente ejercicio.
b) Tres meses a la fecha de inicio del correspondiente ejercicio.
c) Un mes a la fecha de inicio del correspondiente ejercicio.
d) Dos meses a la fecha de fin del correspondiente ejercicio.

16. La estructura de los Presupuestos Generales se determinará por:

a) La Asamblea Regional.
b) El Consejo de Gobierno.
c) La Consejería de Economía y Hacienda.
d) El Tribunal de Cuentas.

17. Los Presupuestos Generales contendrán:

a) Solo los estados de gastos.
b) Solo los estados de ingresos.
c) Los estados de gastos y los estados de ingresos.
d) Únicamente presupuestos administrativos.

18. En los créditos para gastos corrientes se distinguirán:

a) Inversiones reales y transferencias de capital.
b) Activos y pasivos financieros.
c) Los gastos de personal, los gastos corrientes en bienes y servicios, los gastos financieros y las transferencias corrientes.
d) Exclusivamente gastos financieros.

19. Antes del 1 de junio de cada año se remitirá:

a) El proyecto de ley a la Asamblea Regional.

b) El anteproyecto correspondiente a sus estados de gastos, debidamente documentados.

c) La liquidación definitiva del ejercicio.

d) El informe económico y financiero.

20. Si la Ley de Presupuestos no fuera aprobada antes del primer día del ejercicio económico:

a) Se anulan los créditos.

b) Se aprueba una ley provisional.

c) Se considerarán automáticamente prorrogados los presupuestos del ejercicio anterior en sus créditos iniciales hasta la aprobación y publicación de la nueva Ley en el «Boletín Oficial de la Región de Murcia».

d) Solo se prorrogan los gastos corrientes.

En MADTEST tienes **más preguntas de este tema**, y todos tus avances quedan registrados y se reflejan en el ranking.

¡Supera tus límites con MADTEST!

Solución al test n.º 24

1. c) El Decreto Legislativo 1/1999.

2. b) Se integrarán y custodiarán en el Tesoro Público Regional todos los fondos y valores de la Hacienda Pública regional.

3. d) Todas las respuestas anteriores son correctas.

4. d) Los Presupuestos Generales de la Comunidad Autónoma constituyen la expresión cifrada, conjunta y sistemática de: a.- Las obligaciones que, como máximo, pueden reconocer la Administración Pública regional y sus organismos autónomos, y los derechos que se prevean liquidar durante el correspondiente ejercicio. b.- Las estimaciones de gastos e ingresos a realizar por las entidades públicas empresariales, otras entidades de derecho público de la Comunidad Autónoma de la Región de Murcia, sociedades mercantiles regionales, fundaciones del sector público autonómico y consorcios adscritos a la Administración Pública regional.

5. d) Las obligaciones reconocidas hasta el 31 de diciembre del correspondiente ejercicio, siempre que correspondan a adquisiciones, obras, servicios, prestaciones o gastos en general realizados dentro del mismo y con cargo a los respectivos créditos.

6. c) La Consejería de Economía, Hacienda y Administración Digital.

7. d) Secciones y Servicios.

8. d) Tasas, precios públicos y otros ingresos.

9. a) Transferencias de capital.

10. b) Fondo de Contingencia y otros fondos.

11. c) Gastos en bienes corrientes y servicios.

12. a) Producción de Bienes Públicos de Carácter Social.

13. b) Consejería de Salud.

14. a) 1 de junio de cada año.

15. a) Dos meses a la fecha de inicio del correspondiente ejercicio.

16. c) La Consejería de Economía y Hacienda.

17. c) Los estados de gastos y los estados de ingresos.

18. c) Los gastos de personal, los gastos corrientes en bienes y servicios, los gastos financieros y las transferencias corrientes.

19. b) El anteproyecto correspondiente a sus estados de gastos, debidamente documentados.

20. c) Se considerarán automáticamente prorrogados los presupuestos del ejercicio anterior en sus créditos iniciales hasta la aprobación y publicación de la nueva Ley en el «Boletín Oficial de la Región de Murcia».

Decreto Legislativo 1/1999, de 2 de diciembre, por el que aprueba el Texto Refundido de la Ley de Hacienda de la Región de Murcia (II). Los créditos y sus modificaciones. Ejecución y liquidación de los Presupuestos Generales de la Comunidad Autónoma

1. Las incorporaciones de crédito suponen:

a) Una excepción del principio de anualidad.
b) Igual gasto público.
c) Menor gasto público.
d) Las opciones a) y b) son correctas.

2. Las transferencias de crédito suponen:

a) Una excepción a la limitación cuantitativa y cualitativa.
b) Mayor gasto público.
c) Igual gasto público.
d) Las opciones a) y c) son correctas.

3. Y la generación y reposición de crédito supone:

a) Una excepción a la limitación cuantitativa.
b) Mayor gasto público.
c) Menor gasto público.
d) Las opciones a) y b) son correctas.

4. Con relación a la generación de créditos, el Consejo de Gobierno:

a) Es competente en todos los casos para autorizarlos.
b) Es competente en el caso de reintegros derivados de situaciones de Incapacidad Temporal.
c) Es correcta la respuesta anterior así como los reintegros de subvenciones cofinanciadas.
d) En ningún caso es competente, puesto que la competencia corresponde en casi todos los casos al Consejero de Economía, Hacienda, Fondos Europeos y Transformación Digital.

5. El art. 35.3 del Decreto Legislativo 1/1999 señala que tendrán la condición de ampliables aquellos créditos:

a) Que determine el Consejo de Gobierno.

b) Que, de modo taxativo y debidamente explicitado, se relacionen en las Leyes de Presupuestos de la Comunidad Autónoma.

c) Que determine la Consejería de Economía, Hacienda, Fondos Europeos y Transformación Digital.

d) Que determine la Asamblea Regional.

6. De acuerdo al artículo 38 del Decreto Legislativo 1/1999 se incorporarán automáticamente al estado de gastos del ejercicio siguiente:

a) Los remanentes de créditos para operaciones de capital.

b) Los remanentes de créditos extraordinarios y suplementos de créditos concedidos en los dos últimos meses.

c) Los remanentes de créditos autorizados en función de la recaudación efectiva de derechos afectados.

d) Todas las anteriores.

7. Las incorporaciones de crédito se aprobarán por:

a) El Consejo de Gobierno.

b) La Asamblea Regional.

c) El titular de la Consejería competente en materia de Hacienda.

d) Las distintas Consejerías.

8. Las transferencias de crédito:

a) No minorarán créditos que hayan sido incrementados por transferencias.

b) Afectarán a los créditos extraordinarios concedidos durante el ejercicio.

c) Afectarán a los créditos incrementados con suplementos.

d) Las opciones b) y c) son correctas.

9. Las limitaciones previstas para las transferencias de créditos en el artículo 44 del Decreto Legislativo 1/1999 no serán de aplicación:

a) Cuando se refieran al Programa de "Imprevistos y Funciones no Clasificadas".

b) Cuando se refieran a los créditos del Capítulo I "Gastos de Personal".

c) Cuando afecten a las transferencias a los Organismos Autónomos.

d) Ninguna de las respuestas anteriores es incorrecta.

10. La reposición de créditos se recoge en el Decreto Legislativo 1/1999 en su artículo:

a) 47.

b) 48.

c) Ha sido derogado.
d) 46.

11. Son ampliables:

a) Los trienios o antigüedad derivados del cómputo del tiempo de servicios realmente prestados a la Administración.

b) Los destinados al pago de intereses que no sean consecuencia del reconocimiento de ingresos indebidos, y de otros gastos financieros.

c) Las cuotas sociales a cargo de la Comunidad Autónoma, conceptos 160 y 176.

d) Todas las respuestas anteriores son correctas.

12. De acuerdo con el artículo 38 del Decreto Legislativo 1/1999:

a) Los créditos para gastos que el último día del ejercicio presupuestario no estén afectados al cumplimiento de obligaciones ya comprometidas, quedarán anulados de pleno derecho.

b) Los créditos para gastos que no estén afectados al cumplimiento de obligaciones ya reconocidas, quedarán anulados de pleno derecho.

c) Los créditos para gastos que el último día del ejercicio presupuestario no estén afectados al cumplimiento de obligaciones ya reconocidas, quedarán anulados de pleno derecho.

d) Los créditos para gastos que el último día del ejercicio presupuestario (31 de octubre) no estén afectados al cumplimiento de obligaciones ya reconocidas, quedarán anulados de pleno derecho.

13. La autorización cuando obligatoriamente proceda la incorporación de los remanentes de crédito derivados de gastos con financiación afectada compete al:

a) El titular de la Consejería competente en materia de Hacienda.
b) Consejo de Gobierno.
c) Presidente del Gobierno.
d) A la Asamblea Regional.

14. La autorización del gasto es:

a) Es el acto mediante el cual se autoriza la realización de un gasto determinado por una cuantía cierta o aproximada, reservando a tal fin la totalidad o parte disponible de un crédito presupuestario.

b) Es el acto mediante el cual se acuerda, tras el cumplimiento de los trámites legalmente establecidos, la realización de gastos previamente aprobados, por un importe determinado o determinable.

c) Es el acto mediante el que se declara la existencia de un crédito exigible contra la Hacienda Pública estatal o contra la Seguridad Social, derivado de un gasto aprobado y comprometido y que comporta la propuesta de pago correspondiente.

d) Se corresponde con el pago de las obligaciones de la Administración General del Estado.

15. El documento "DOK" se expedirá:

a) En los casos en que se conozca desde el inicio del expediente el importe exacto del compromiso de gasto a contraer.
b) Cuando se proponga el pago de gastos exentos de fiscalización previa.
c) Cuando se proponga el pago de obligaciones con cargo a créditos que tengan el correspondiente saldo de disposición.
d) Cuando se proponga simultáneamente la adquisición de un compromiso de gasto y la propuesta de pago que derive de aquel.

16. Y el documento "D" se expedirá:

a) Cuando se proponga el pago de obligaciones.
b) Cuando se instruya un expediente de gasto, en el que, en el momento de la aprobación del mismo, no se conozca el importe exacto del compromiso a adquirir por la Administración y el citado gasto no se encuentre excluido de fiscalización.
c) En el momento anterior a la adquisición del compromiso del gasto, una vez conocido su importe exacto.
d) Por aquellas obligaciones cuyo pago esté pendiente de proponer al fin del ejercicio presupuestario.

17. El Consejo de Gobierno remitirá a la Comisión de Economía, Hacienda y Presupuesto de la Asamblea, entre otros, la relación de los gastos de inversiones reales y de las autorizaciones para contratar que por razón de la cuantía correspondan al Consejo de Gobierno con una periodicidad:

a) Mensual.
b) Trimestral.
c) Semestral.
d) Anual.

18. El remanente de tesorería negativo no se financiará:

a) Mediante créditos ampliables.
b) Mediante operaciones de crédito siempre que se den las condiciones legalmente exigibles.
c) Mediante la aprobación con superávit por el mismo importe en el presupuesto siguiente.
d) En la forma que determine el Consejo de Gobierno a propuesta del Consejero de Economía y Hacienda.

19. El Presupuesto de cada ejercicio se liquidará en cuanto a la recaudación de derechos y al pago de obligaciones el:

a) 1 de diciembre del año natural correspondiente.
b) 31 de diciembre del año natural correspondiente.

c) 30 de noviembre del año natural correspondiente.
d) 31 de enero del año siguiente.

20. El documento contable J corresponde a:

a) Propuestas de pago.
b) Retención de saldo para gastar.
c) Modificación de límites de compromiso.
d) Cuenta justificativa de pagos percibidos "A justificar".

En MADTEST tienes **más preguntas de este tema**, y todos tus avances quedan registrados y se reflejan en el ranking.

¡Supera tus límites con MADTEST!

Solución al test n.º 25

1. a) Una excepción del principio de anualidad.

2. d) Las opciones a) y c) son correctas.

3. a) Una excepción a la limitación cuantitativa.

4. d) En ningún caso es competente, puesto que la competencia corresponde en casi todos los casos al Consejero de Economía y Hacienda.

5. b) Que, de modo taxativo y debidamente explicitado, se relacionen en las Leyes de Presupuestos de la Comunidad Autónoma.

6. d) Todas las anteriores.

7. c) El titular de la Consejería competente en materia de Hacienda.

8. a) No minorarán créditos que hayan sido incrementados por transferencias.

9. a) Cuando se refieran al Programa de "Imprevistos y Funciones no Clasificadas".

10. c) Ha sido derogado.

11. d) Todas las respuestas anteriores son correctas.

12. c) Los créditos para gastos que el último día del ejercicio presupuestario no estén afectados al cumplimiento de obligaciones ya reconocidas, quedarán anulados de pleno derecho.

13. a) El titular de la Consejería competente en materia de Hacienda.

14. a) Es el acto mediante el cual se autoriza la realización de un gasto determinado por una cuantía cierta o aproximada, reservando a tal fin la totalidad o parte disponible de un crédito presupuestario.

15. d) Cuando se proponga simultáneamente la adquisición de un compromiso de gasto y la propuesta de pago que derive de aquel.

16. c) En el momento anterior a la adquisición del compromiso del gasto, una vez conocido su importe exacto.

17. b) Trimestral.

18. a) Mediante créditos ampliables.

19. b) 31 de diciembre del año natural correspondiente.

20. d) Cuenta justificativa de pagos percibidos "A justificar".

Ley 9/2017, de 8 de noviembre, de Contratos del Sector Público (I). Objeto y ámbito de aplicación. Contratos del sector público: delimitación de los tipos contractuales; contratos sujetos a una regulación armonizada; contratos administrativos y contratos privados

1. Los contratos que tienen por objeto la adquisición, el arrendamiento financiero, o el arrendamiento, con o sin opción de compra, de productos o bienes muebles, son:

a) Contratos de servicios.
b) Contratos de suministro.
c) Contratos de obras.
d) Contratos de gestión de servicios públicos.

2. No se consideran contratos de suministros:

a) Aquellos en los que el empresario se obligue a entregar una pluralidad de bienes de forma sucesiva y por precio unitario sin que la cuantía total se defina con exactitud al tiempo de celebrar el contrato, por estar subordinadas las entregas a las necesidades del adquirente.
b) Los que tengan por objeto la adquisición y el arrendamiento de equipos y sistemas de telecomunicaciones o para el tratamiento de la información, sus dispositivos y programas, y la cesión del derecho de uso de estos últimos.
c) Los de adquisición de programas de ordenador desarrollados a medida.
d) Los de fabricación, por los que la cosa o cosas que hayan de ser entregadas por el empresario deban ser elaboradas con arreglo a características peculiares fijadas previamente por la entidad contratante, aun cuando esta se obligue a aportar, total o parcialmente, los materiales precisos.

3. Están sujetos a regulación armonizada los contratos de obras y los contratos de concesión de obras públicas cuyo valor estimado sea igual o superior a:

a) 5.404.000 euros.
b) 6.581.000 euros.
c) 8.615.000 euros.
d) 1.861.000 euros.

4. Están sujetos a regulación armonizada los contratos de suministro adjudicados por la Administración General del Estado, sus organismos autónomos, o las Entidades Gestoras y Servicios Comunes de la Seguridad Social, cuyo valor estimado sea igual o superior a:

a) 5.404.000 euros.
b) 140.000 euros.
c) 216.000 euros.
d) 80.000 euros.

5. De los siguientes, son contratos privados los contratos celebrados por una Administración Pública que tengan por objeto:

a) La suscripción a revistas, publicaciones periódicas y bases de datos.
b) La concesión de servicios públicos.
c) Los contratos de colaboración entre el sector público y el sector privado.
d) La adquisición de suministros.

6. Conforme al artículo 1.3 de la Ley 9/2017, siempre que guarde relación con el objeto del contrato, en toda contratación pública se incorporarán de manera transversal y preceptiva criterios sociales y:

a) Divulgativos.
b) Comunitarios.
c) Medioambientales.
d) Judiciales.

7. Conforme al artículo 3.4 de la Ley 9/2017, los partidos políticos, cuando cumplan los requisitos para ser poder adjudicador y respecto de los contratos sujetos a regulación armonizada, deberán actuar conforme a los principios de publicidad, concurrencia, transparencia, igualdad y:

a) No discriminación.
b) Eficacia.
c) Sometimiento a las leyes.
d) Legitimidad.

8. En virtud de la Ley 9/2017 (art. 6.1.a), se presumirá que las entidades intervinientes en un convenio tienen vocación de mercado cuando realicen en el mercado abierto un porcentaje de las actividades objeto de colaboración igual o superior a:

a) El 10%.
b) El 20%.
c) El 50%.
d) El 30%.

9. Un conjunto de trabajos de construcción o de ingeniería civil, destinado a cumplir por sí mismo una función económica o técnica, que tenga por objeto un bien inmueble, es denominado por la Ley 9/2017:

a) Una infraestructura.
b) Patrimonio material.
c) Una obra.
d) Un servicio público.

10. En un contrato de concesión de obras, cuando no esté garantizado que, en condiciones normales de funcionamiento, el concesionario vaya a recuperar las inversiones realizadas ni a cubrir los costes en que hubiera incurrido como consecuencia de la explotación de las obras que sean objeto de la concesión, se considerará que el mismo asume un riesgo:

a) Operacional.
b) Virtual.
c) General.
d) Provisional.

11. Los contratos que tengan por objeto la adquisición de energía primaria o energía transformada se consideran:

a) Contratos de concesión de servicios.
b) Contratos de suministros.
c) Contratos privados.
d) Contratos de servicios.

12. Deberá elaborarse un proyecto y tramitarse como la Ley 9/2017 dispone para los contratos de obras, el contrato mixto en que un elemento del contrato sea una obra y esta supere:

a) Los 50.000 euros.
b) Los 100.000 euros.
c) Los 5.000 euros.
d) Los 10.000 euros.

13. No podrán ser objeto de los contratos de servicios:

a) Los que impliquen ejercicio de la autoridad inherente a los poderes públicos.
b) Los que impliquen el desarrollo o mantenimiento de aplicaciones informáticas.
c) Los que tengan por objeto el desarrollo y la puesta a disposición de productos protegidos por un derecho de propiedad intelectual o industrial.
d) Los que tengan por objeto la prestación de actividades docentes en centros del sector público desarrolladas en forma de cursos de formación o perfeccionamiento del personal al servicio de la Administración.

14. Se consideran sujetos a regulación armonizada los contratos:

a) Relativos al tiempo de radiodifusión o al suministro de programas que sean adjudicados a proveedores del servicio de comunicación audiovisual o radiofónica.

b) De concesión adjudicados para la puesta a disposición o la explotación de redes fijas destinadas a prestar un servicio al público en relación con la producción, el transporte o la distribución de agua potable;

c) De concesión de obras cuyo valor estimado sea igual o superior a 5.350.000 euros.

d) Que tengan por objeto los servicios de certificación y autenticación de documentos que deban ser prestados por un notario público.

15. Los contratos celebrados por entidades del sector público que siendo poder adjudicador no reúnan la condición de Administraciones Públicas, tienen la consideración de:

a) Contratos administrativos.
b) Contratos privados.
c) Contratos administrativos especiales.
d) Contratos mixtos.

16. Los contratos celebrados por entidades del sector público que no reúnan la condición de poder adjudicador, tienen la consideración de:

a) Contratos administrativos.
b) Contratos privados.
c) Contratos administrativos especiales.
d) Contratos mixtos.

17. Para la Directiva 2014/23/UE, de 26 de febrero de 2014, relativa a la adjudicación de contratos de concesión, el criterio delimitador del contrato de concesión de servicios respecto del contrato de servicios es:

a) La cuantificación del coste.
b) Quién asume el riesgo operacional.
c) La exigencia o no de la clasificación del empresario.
d) La publicación en boletín oficial.

18. Según el art. 13.3 de la Ley 9/2017, de 8 de noviembre, de Contratos del Sector Público, los contratos de obras se referirán:

a) A una obra completa.
b) A una superficie acotada.
c) A un área concreta.
d) A un plan urbanístico determinado.

19. Según el artículo 3.2. de la LCSP, tienen la consideración de Administración Pública:

a) Las autoridades administrativas independientes.
b) Las fundaciones públicas.
c) Las Mutuas colaboradoras con la Seguridad Social.
d) Las Entidades Públicas Empresariales.

20. En toda contratación pública se incorporarán de manera transversal y preceptiva criterios sociales y medioambientales:

a) En todo caso.
b) Siempre que guarde relación con el objeto del contrato.
c) Siempre que se garantice la relación calidad-precio.
d) Como criterio decisorio en caso de igualdad de ofertas.

En MADTEST tienes **más preguntas de este tema**, y todos tus avances quedan registrados y se reflejan en el ranking.

¡Supera tus límites con MADTEST!

Solución al test n.º 26

1. b) Contratos de suministro.

2. c) Los de adquisición de programas de ordenador desarrollados a medida.

3. a) 5.404.000 euros.

4. b) 140.000 euros.

5. a) La suscripción a revistas, publicaciones periódicas y bases de datos.

6. c) Medioambientales.

7. a) No discriminación.

8. b) El 20%.

9. c) Una obra.

10. a) Operacional.

11. b) Contratos de suministros.

12. a) Los 50.000 euros.

13. a) Los que impliquen ejercicio de la autoridad inherente a los poderes públicos.

14. c) De concesión de obras cuyo valor estimado sea igual o superior a 5.404.000 euros.

15. b) Contratos privados.

16. b) Contratos privados.

17. b) Quién asume el riesgo operacional.

18. a) A una obra completa.

19. a) Las autoridades administrativas independientes.

20. b) Siempre que guarde relación con el objeto del contrato.

Ley 9/2017, de 8 de noviembre, de Contratos del Sector Público (II). Órgano de contratación. Expediente de contratación. Pliego de cláusulas administrativas y de prescripciones técnicas

1. Serán objeto de publicación en el perfil de contratante los encargos que realicen las entidades del sector público a un ente calificado como medio propio personificado, y que sin tener la consideración jurídica de contrato su importe (IVA excluido) fuera superior a:

a) 5.000 euros.
b) 10.000 euros.
c) 25.000 euros.
d) 50.000 euros.

2. La publicación de la información relativa a los contratos menores en el perfil de contratante debe realizarse, al menos:

a) Mensualmente.
b) Trimestralmente.
c) Semestralmente.
d) Anualmente.

3. ¿En qué tipo de contratos las facultades del responsable del contrato serán ejercidas por el director facultativo?

a) En los contratos de obras.
b) En los contratos mixtos.
c) En los contratos sujetos a una regulación armonizada.
d) En los contratos de concesiones de obra pública y de concesiones de servicios.

4. Sin perjuicio de que se permita el acceso a expedientes anteriores ante solicitudes de información, toda la información contenida en los perfiles de contratante se publicará en formatos abiertos y reutilizables, y permanecerá accesible al público durante un periodo de tiempo no inferior a:

a) 2 años.
b) 3 años.

c) 4 años.
d) 5 años.

5. Por regla general, el acceso a la información del perfil de contratante:

a) Será libre, no requiriendo identificación previa.
b) Estará restringido.
c) Será libre, previa identificación.
d) Precisará previa solicitud motivada de acceso.

6. Los contratos menores cuya información se publica en el perfil de contratante, estarán ordenados:

a) Según la duración de los contratos.
b) Por importe de adjudicación.
c) Por el objeto de los contratos.
d) Por la identidad del adjudicatario.

7. Siempre que el sistema de pago utilizado por los poderes adjudicadores fuera el de anticipo de caja fija u otro sistema similar para realizar pagos menores, no se publicará en el perfil de contratante la información de los contratos menores cuando su valor estimado fuera inferior a (a partir de):

a) Mil euros.
b) Cinco mil euros.
c) Veinte mil euros.
d) Treinta mil euros.

8. Según el artículo 190 de la Ley 9/2017, el órgano de contratación ostenta, entre otras, la siguiente prerrogativa en relación a los contratos administrativos:

a) El derecho general del órgano de contratación a inspeccionar las instalaciones, oficinas y demás emplazamientos en los que el contratista desarrolle sus actividades.
b) La revisión periódica no predeterminada o no periódica de los precios de los contratos.
c) Suspender la ejecución del contrato.
d) La prórroga del contrato sin necesidad de preaviso.

9. Será preceptivo el dictamen del Consejo de Estado u órgano consultivo equivalente de la Comunidad Autónoma respectiva cuando las modificaciones de los contratos no estuvieran previstas en el pliego de cláusulas administrativas particulares y su cuantía, aislada o conjuntamente, sea superior a un 20 por ciento del precio inicial del contrato, IVA excluido, y su precio sea igual o superior a:

a) 500.000 euros.
b) 1.000.000 euros.

c) 2.500.000 euros.
d) 6.000.000 de euros.

10. En relación a las prerrogativas de la Administración Pública en los contratos administrativos, es cierto que:

a) Las facultades de inspección implican un derecho general del órgano de contratación a inspeccionar las instalaciones, oficinas y demás emplazamientos en los que el contratista desarrolle sus actividades.
b) Los acuerdos que adopte el órgano de contratación pondrán fin a la vía administrativa y serán inmediatamente ejecutivos.
c) En los procedimientos que se instruyan para la adopción de acuerdos relativos a las prerrogativas no es obligatoria la audiencia al contratista.
d) El contratista tiene derecho a declarar la responsabilidad imputable al órgano de contratación a raíz de la ejecución del contrato.

11. En relación al expediente de contratación, NO es cierto que:

a) El expediente deba referirse a la totalidad del objeto del contrato.
b) En todo caso, se han de incorporar al expediente el pliego de cláusulas administrativas particulares y el de prescripciones generales.
c) Debe incorporarse al expediente el certificado de existencia de crédito.
d) El expediente se iniciará por el órgano de contratación, que ha de motivar la necesidad del contrato.

12. ¿En qué tipo de contratos se ha de justificar adecuadamente en el expediente el informe de insuficiencia de medios?

a) En los contratos de servicios.
b) En los contratos de suministros.
c) En los contratos de concesión de obras.
d) En los contratos de obras.

13. En relación a la resolución de aprobación del expediente de contratación, NO es cierto que:

a) Será una resolución motivada dictada por el órgano de contratación.
b) En ella se dispone la apertura del procedimiento de ejecución.
c) Generalmente, implicará la aprobación del gasto.
d) Debe ser objeto de publicación en el perfil de contratante.

14. En relación a las consultas preliminares del mercado para la preparación del contrato, es cierto que:

a) De las consultas realizadas se ha de intentar obtener un objeto contractual tan concreto y delimitado que únicamente se ajuste a las características técnicas de uno de los consultados.
b) Las consultas realizadas podrán comportar ventajas respecto de la adjudicación del contrato para las empresas participantes en aquellas.

c) Durante el proceso de consultas, el órgano de contratación podrá revelar a los participantes en el mismo las soluciones propuestas por los otros participantes.

d) Con carácter general, el órgano de contratación al elaborar los pliegos deberá tener en cuenta los resultados de las consultas realizadas.

15. Completado el expediente de contratación el órgano de contratación dictará resolución aprobando el expediente. No es cierto que:

a) Dicha resolución tenga que ser motivada.

b) En dicha resolución se tenga que disponer la apertura del procedimiento de adjudicación.

c) La resolución deba ser objeto de publicación en el perfil de contratante.

d) Dicha resolución implique, en todo caso, la aprobación del gasto.

16. En los contratos menores de más de 5.000 euros, la tramitación del expediente exigirá la emisión de un informe del órgano de contratación justificando de manera motivada la necesidad del contrato y que no se está alterando su objeto con el fin de evitar la aplicación de los umbrales de este tipo de contratos. Asimismo, se requerirá la aprobación del gasto y la incorporación al mismo de la factura correspondiente. ¿En qué contrato menor deberá añadirse, además, el presupuesto?

a) En el de obras.

b) En el de suministros.

c) En el de servicios.

d) En el de concesión de servicios.

17. El plazo de inicio de la ejecución de un contrato calificado de urgente, no podrá exceder, a contar desde la formalización, de:

a) 10 días.

b) 20 días.

c) Un mes.

d) Tres meses.

18. Las prescripciones técnicas de los contratos:

a) Proporcionarán a los empresarios acceso en condiciones de igualdad al procedimiento de contratación.

b) Tienen por efecto la creación de obstáculos, justificados o no, a la apertura de la contratación pública a la competencia.

c) Son especificaciones de cumplimiento voluntario aprobadas por organismos de normalización.

d) Son documentos elaborados por los organismos europeos de normalización, distintos de las normas europeas, con arreglo a procedimientos adaptados a la evolución de las necesidades del mercado.

19. El artículo 127 de la Ley de Contratos del Sector Público, define como "cualquier documento, certificado o acreditación que confirme que las obras, productos, servicios, procesos o procedimientos de que se trate cumplen determinados requisitos" a:

a) La prescripción técnica.
b) La etiqueta.
c) La clasificación.
d) El expediente de contratación.

20. En el caso de contratos tramitados a causa de emergencia, celebrados por la Administración General del Estado, sus Organismos autónomos, entidades gestoras y servicios comunes de la Seguridad Social o demás entidades públicas estatales, se dará cuenta de los acuerdos al Consejo de Ministros en el plazo máximo de:

a) 15 días.
b) 20 días.
c) 30 días.
d) 60 días.

En MADTEST tienes **más preguntas de este tema**, y todos tus avances quedan registrados y se reflejan en el ranking.

¡Supera tus límites con MADTEST!

Solución al test n.º 27

1. d) 50.000 euros.

2. b) Trimestralmente.

3. a) En los contratos de obras.

4. d) 5 años.

5. a) Será libre, no requiriendo identificación previa.

6. d) Por la identidad del adjudicatario.

7. b) Cinco mil euros.

8. c) Suspender la ejecución del contrato.

9. d) 6.000.000 de euros.

10. b) Los acuerdos que adopte el órgano de contratación pondrán fin a la vía administrativa y serán inmediatamente ejecutivos.

11. b) En todo caso, se han de incorporar al expediente el pliego de cláusulas administrativas particulares y el de prescripciones generales.

12. a) En los contratos de servicios.

13. b) En ella se dispone la apertura del procedimiento de ejecución.

14. d) Con carácter general, el órgano de contratación al elaborar los pliegos deberá tener en cuenta los resultados de las consultas realizadas.

15. d) Dicha resolución implique, en todo caso, la aprobación del gasto.

16. a) En el de obras.

17. c) Un mes.

18. a) Proporcionarán a los empresarios acceso en condiciones de igualdad al procedimiento de contratación.

19. b) La etiqueta.

20. c) 30 días.

TEST N.º 28

Real Decreto 1619/2012, de 30 de noviembre, por el que se aprueba el Reglamento por el que se regulan las obligaciones de facturación. Obligación de documentación de las operaciones. Contenido de la factura. Medios de expedición. Factura electrónica

1. El Reglamento por el que se regulan las obligaciones de facturación se aprobó a través del:

a) RD 112/2006.
b) RD 45/2010.
c) RD 1619/2012.
d) Ley 37/1992.

2. Indica cuál de los siguientes enunciados no es cierto:

a) Los importes que figuran en las facturas tendrán que expresarse en euros.
b) Las facturas podrán expedirse en cualquier lengua.
c) Los empresarios o profesionales están obligados a expedir y entregar, en su caso, factura u otros justificantes por las operaciones que realicen en el desarrollo de su actividad empresarial o profesional, así como a conservar copia o matriz de aquellos.
d) Los empresarios o profesionales están obligados a conservar las facturas u otros justificantes recibidos de otros empresarios o profesionales por las operaciones de las que sean destinatarios y que se efectúen en desarrollo de la citada actividad.

3. Deberá expedirse factura y copia:

a) Las entregas de bienes destinados a otro Estado miembro.
b) Las entregas de bienes que han de ser objeto de instalación o montaje antes de su puesta a disposición.
c) Aquellas en las que el destinatario sea un empresario o profesional que actúe como tal, con independencia del régimen de tributación al que se encuentre acogido el empresario o profesional que realice la operación, así como cualesquiera otras en las que el destinatario así lo exija para el ejercicio de cualquier derecho de naturaleza tributaria.
d) Todas las respuestas anteriores son correctas.

4. No hay obligación de expedir factura:

a) Las entregas de bienes a que se refiere el artículo 68.Tres.a) y cinco de la Ley del IVA.

b) Aquellas de las que sean destinatarias personas jurídicas que no actúen como empresarios o profesionales, con independencia de que se encuentren establecidas en el territorio de aplicación del Impuesto o no, o las Administraciones Públicas a que se refiere el artículo 2 de la Ley 39/2015, de 1 de octubre, del Procedimiento Administrativo Común de las Administraciones Públicas.

c) Las realizadas por empresarios o profesionales en el desarrollo de actividades a las que sea de aplicación el régimen especial del recargo de equivalencia en caso de entregas de inmuebles sujetas y no exentas al IVA.

d) Aquellas otras en las que así se autorice por el Departamento de Gestión Tributaria de la Agencia Estatal de Administración Tributaria, en relación con sectores empresariales o profesionales o empresas determinadas, con el fin de evitar perturbaciones en el desarrollo de las actividades empresariales o profesionales.

5. Para que la obligación de expedir factura pueda ser cumplida materialmente por el destinatario de las operaciones:

a) Deberá existir un acuerdo entre el empresario o profesional que realice las operaciones y el destinatario de éstas, por el que el primero autorice al segundo la expedición de las facturas correspondientes a dichas operaciones.

b) El destinatario de las operaciones que proceda a la expedición de las facturas deberá remitir una copia al empresario o profesional que las realizó.

c) Estas facturas serán expedidas en nombre y por cuenta del empresario o profesional que haya realizado las operaciones que en ellas se documentan.

d) Todas las respuestas anteriores son correctas.

6. Se puede expedir factura simplificada:

a) Cuando su importe no exceda de 300 euros, Impuesto sobre el Valor Añadido incluido.

b) Cuando su importe no exceda de 400 euros, Impuesto sobre el Valor Añadido incluido.

c) Cuando su importe no exceda de 350 euros, Impuesto sobre el Valor Añadido excluido.

d) Cuando su importe no exceda de 450 euros, Impuesto sobre el Valor Añadido excluido.

7. En caso de ventas o servicios en ambulancia, se podrá expedir la factura simplificada cundo su importe no exceda de:

a) 3.000 euros, Impuesto sobre el Valor Añadido incluido.

b) 3.000 euros, Impuesto sobre el Valor Añadido excluido.

c) 4.000 euros, Impuesto sobre el Valor Añadido incluido.

d) 2.500 euros, Impuesto sobre el Valor Añadido excluido.

8. No se puede expedir factura simplificada en caso de:

a) Alquiler de películas.

b) Entregas de bienes a distancia intracomunitarias, salvo cuando les resulte aplicable el régimen especial del grupo de entidades.

c) Utilización de instalaciones deportivas.

d) Servicios prestados por salas de baile y discotecas.

9. La expedición en series específicas será obligatoria respecto a las:

a) Rectificativas.

b) Las que se expidan conforme a la disposición adicional tercera del Reglamento del Impuesto sobre el Valor Añadido, aprobado por el artículo 1 del Real Decreto 1624/1992, de 29 de diciembre.

c) Las que se expidan conforme a lo previsto en el artículo 65, apartado 2 del Reglamento del Impuesto sobre el Valor Añadido.

d) Las expedidas por los destinatarios de las operaciones o por terceros a que se refiere el artículo 7, para cada uno de los cuales deberá existir una serie distinta.

10. En la factura se mencionará necesariamente:

a) La fecha de su expedición.

b) Nombre y apellidos, razón o denominación social completa solo del obligado a expedir factura de las operaciones.

c) La cuota tributaria que, en su caso, se repercuta, que deberá consignarse conjuntamente.

d) Domicilio del obligado a expedir factura de las operaciones.

11. En la factura simplificada no se contendrá:

a) En el supuesto de que la operación que se documenta en una factura esté exenta del Impuesto, una referencia a las disposiciones correspondientes de la Directiva 2006/112/CE, de 28 de noviembre, relativa al sistema común del Impuesto sobre el Valor Añadido, o a los preceptos correspondientes de la Ley del Impuesto o indicación de que la operación está exenta. Esto mismo se aplicará asimismo cuando se documenten varias operaciones en una única factura y las circunstancias que se han señalado se refieran únicamente a parte de ellas.

b) La contraprestación total.

c) En caso de facturas rectificativas, la referencia expresa e inequívoca de la factura rectificada y de las especificaciones que se modifican.

d) Tipo impositivo aplicado y, opcionalmente, también la expresión «IVA incluido».

12. Cuando el destinatario de la operación sea un empresario o profesional que actúe como tal, las facturas deberán expedirse:

a) En el momento de realizarse la operación.

b) Antes del día 16 del mes siguiente a aquel en que se haya producido el devengo del Impuesto correspondiente a la citada operación.

c) Antes del día 20 del mes siguiente a aquel en que se haya producido el devengo del Impuesto correspondiente a la citada operación.

d) Antes del día 15 del mes siguiente a aquel en que se haya producido el devengo del Impuesto correspondiente a la citada operación.

13. Las facturas recapitulativas deben expedirse como máximo:

a) El mismo día en el que se expidan.
b) El último día del mes natural en el que se hayan efectuado las operaciones que se documenten en ellas.
c) Antes del día 15 del mes siguiente a aquél en que se haya producido el devengo del Impuesto correspondiente a la citada operación.
d) Todas las respuestas anteriores son correctas.

14. Las facturas deben conservarse en un plazo de:

a) 1 año.
b) 3 años.
c) 4 años.
d) 5 años.

15. Respecto a la factura electrónica, indica cuál de las siguientes opciones es incorrecta:

a) La expedición de la factura electrónica no estará condicionada a que su destinatario haya dado su consentimiento.
b) La autenticidad del origen y la integridad del contenido de la factura electrónica pueden quedar garantizadas mediante firma electrónica avanzada.
c) También se garantiza la autenticidad y origen mediante otros medios que los interesados hayan comunicado a la Agencia Estatal de Administración Tributaria con carácter previo a su utilización y hayan sido validados por la misma.
d) En el caso de lotes que incluyan varias facturas electrónicas remitidas simultáneamente al mismo destinatario, los detalles comunes a las distintas facturas podrán mencionarse una sola vez, siempre que se tenga acceso para cada factura a la totalidad de la información.

16. Según el RD 1619/2012, los empresarios o profesionales están obligados a:

a) Expedir y entregar factura o justificantes por las operaciones que realicen.
b) Expedir factura solo en operaciones superiores a 3.000 euros.
c) Expedir factura únicamente cuando lo solicite el destinatario.
d) Expedir factura solo en operaciones sujetas a IVA.

17. Los importes que figuran en las facturas podrán expresarse:

a) Solo en euros.
b) En cualquier moneda, siempre que el impuesto se exprese en euros.
c) Solo en la moneda del país del emisor.
d) Únicamente en dólares o euros.

18. Las facturas podrán expedirse:

a) Solo en castellano.
b) Solo en lengua oficial del territorio.
c) En cualquier lengua.
d) Solo en castellano o inglés.

19. Según la normativa, los empresarios o profesionales deberán expedir factura por:

a) Todas las entregas de bienes y prestaciones de servicios realizadas en su actividad.
b) Solo las operaciones sujetas a IVA.
c) Solo las operaciones con Administraciones Públicas.
d) Solo las operaciones superiores a 400 euros.

20. También deberá expedirse factura por:

a) Los pagos recibidos con anterioridad a la entrega de bienes o prestación de servicios.
b) Solo cuando el pago sea superior a 1.000 euros.
c) Únicamente en ventas internacionales.
d) Solo cuando lo exija la Administración.

En MADTEST tienes **más preguntas de este tema**, y todos tus avances quedan registrados y se reflejan en el ranking.

¡Supera tus límites con MADTEST!

Solución al test n.º 28

1. c) RD 1619/2012.

2. a) Los importes que figuran en las facturas tendrán que expresarse en euros.

3. d) Todas las respuestas anteriores son correctas.

4. d) Aquellas otras en las que así se autorice por el Departamento de Gestión Tributaria de la Agencia Estatal de Administración Tributaria, en relación con sectores empresariales o profesionales o empresas determinadas, con el fin de evitar perturbaciones en el desarrollo de las actividades empresariales o profesionales.

5. d) Todas las respuestas anteriores son correctas.

6. b) Cuando su importe no exceda de 400 euros, Impuesto sobre el Valor Añadido incluido.

7. a) 3.000 euros, Impuesto sobre el Valor Añadido incluido.

8. b) Entregas de bienes a distancia intracomunitarias, salvo cuando les resulte aplicable el régimen especial del grupo de entidades.

9. a) Rectificativas.

10. a) La fecha de su expedición.

11. a) En el supuesto de que la operación que se documenta en una factura esté exenta del Impuesto, una referencia a las disposiciones correspondientes de la Directiva 2006/112/CE, de 28 de noviembre, relativa al sistema común del Impuesto sobre el Valor Añadido, o a los preceptos correspondientes de la Ley del Impuesto o indicación de que la operación está exenta. Esto mismo se aplicará asimismo cuando se documenten varias operaciones en una única factura y las circunstancias que se han señalado se refieran únicamente a parte de ellas.

12. b) Antes del día 16 del mes siguiente a aquel en que se haya producido el devengo del Impuesto correspondiente a la citada operación.

13. b) El último día del mes natural en el que se hayan efectuado las operaciones que se documenten en ellas.

14. c) 4 años.

15. a) La expedición de la factura electrónica no estará condicionada a que su destinatario haya dado su consentimiento.

16. a) Expedir y entregar factura o justificantes por las operaciones que realicen.

17. b) En cualquier moneda, siempre que el impuesto se exprese en euros.

18. c) En cualquier lengua.

19. a) Todas las entregas de bienes y prestaciones de servicios realizadas en su actividad.

20. a) Los pagos recibidos con anterioridad a la entrega de bienes o prestación de servicios.

Procedimiento y operatoria contable a seguir en la ejecución de los gastos del Servicio Murciano de Salud: Instrucción 5/2014 de 1 de octubre. Funcionamiento de las Cajas Pagadoras Secundarias del Servicio Murciano de Salud: Instrucción 6/2013, de 17 de abril de 2013

1. La Instrucción por la cual se regula el procedimiento y operatoria contable a seguir en la ejecución de los gastos del Servicio Murciano de Salud es la:

a) 6/2015.
b) 5/2016.
c) 6/2012.
d) 5/2014.

2. La actuación en materia contable del SMS no está sometida a alguno de los siguientes principios:

a) Sistema contable único y de periodicidad anual.
b) Devengo.
c) Unidad de caja.
d) No afectación de los recursos.

3. La clasificación orgánica del SMS está integrada por:

a) Capítulos.
b) Grupos de Funciones.
c) Divisiones.
d) Artículos.

4. El Departamento de Contabilidad de los Servicios Centrales es responsable de:

a) La regularización de las cuentas.
b) El cálculo y la aplicación de las amortizaciones.
c) La aplicación de provisiones.
d) Todas las respuestas anteriores son correctas.

5. La formalización de la generación de la necesidad se puede solicitar a través de la aplicación:

a) WEB-SAP.
b) SMS-Petitio.
c) SAP-SMS.
d) SMS-WEB.

6. La derivación de la actividad a realizar por los centros concertados es decisión de las Áreas de Salud y se debe formalizar en los respectivos Servicios de Admisión a través de un sistema de información asistencial como:

a) MICA.
b) OFI.
c) SUCRA.
d) SELENE.

7. La validación de la actividad realizada en los gastos en CAS hará posible que los sistemas informáticos del Servicio Murciano de Salud emitan una prefactura con la periodicidad que será preferentemente:

a) Bimensual.
b) Mensual.
c) Quincenal.
d) Semanal.

8. La contabilización de los suministros de agua, energía eléctrica y combustible se hará:

a) En el momento en el que llegue la factura.
b) A final de cada mes.
c) Una estimación del importe cuando no hayan llegado a final de mes.
d) Ninguna de las anteriores opciones es correcta.

9. Indique cuál de las siguientes opciones no es una operación no comercial:

a) La adquisición de un equipo informático a una cadena de electrodomésticos.
b) Pagos de subvenciones.
c) Pagos por trabajos realizados por personas físicas por la realización de tareas docentes o de investigación.
d) Pagos de impuestos.

10. Todas las facturas registradas deberán ser contabilizadas en un plazo no superior a:

a) Quince días desde la fecha de registro.
b) Veinte días desde la fecha de registro.

c) Treinta días desde la fecha de registro.
d) 1 mes desde la fecha de registro.

11. Se podrán establecer cajas pagadoras secundarias en las Gerencias Únicas de Área, en la Gerencia del 061, en la Gerencia del Hospital Psiquiátrico Román Alberca, en la Subdirección General de Salud Mental, en el Centro Regional de Hemodonación, y en los Servicios Centrales, con objeto de realizar pagos relativos a gastos de funcionamiento cuyo importe individualizado no sea superior a:

a) 1.000 euros.
b) 2.000 euros.
c) 2.500 euros.
d) 3.000 euros.

12. El procedimiento y la operatoria contable a seguir en la ejecución de los gastos se regula por la Instrucción:

a) 6/2013.
b) 7/2008.
c) 5/2014.
d) 4/2015.

13. Y las Cajas Pagadoras Secundarias son desarrolladas por la Instrucción:

a) 6/2013.
b) 7/2008.
c) 5/2014.
d) 4/2015.

14. Es una función de la Dirección de Gestión o unidad administrativa a la que se adscriben las Cajas:

a) Practicar los arqueos y conciliaciones bancarias necesarias para el control de sus cuentas.
b) La coordinación y control de la actuación de la Caja Pagadora.
c) Facilitar a la Tesorería del Servicio Murciano de salud los estados que a su requerimiento fueran necesarios para la consolidación de sus cuentas.
d) Custodiar los fondos confiados.

15. La disposición de fondos se hará preferiblemente por:

a) Transferencia bancaria.
b) Efectivo.
c) Cheque bancario nominativo.
d) Bizum.

16. ¿Qué Instrucción establece el procedimiento y la operatoria contable para la ejecución de los gastos del Servicio Murciano de Salud?

a) Instrucción 6/2013, de 17 de abril.
b) Instrucción 5/2014, de 1 de octubre.
c) Instrucción 3/2014, de 5 de junio.
d) Instrucción 7/2008, de 30 de diciembre.

17. La Instrucción 5/2014 es aplicable a:

a) Todos los centros dependientes del Servicio Murciano de Salud.
b) Únicamente a los Servicios Centrales del SMS.
c) Solo a las Áreas de Salud.
d) Exclusivamente a los hospitales públicos.

18. El sistema contable del Servicio Murciano de Salud se basa en el principio de:

a) Sistema contable único y periodicidad anual.
b) Sistema contable múltiple y periodicidad semestral.
c) Sistema contable descentralizado.
d) Sistema contable basado en ingresos.

19. Según el principio de unidad de caja:

a) Cada centro gestiona su propia tesorería.
b) Los fondos se integran y custodian en la Tesorería del Servicio Murciano de Salud.
c) Los fondos se gestionan por las Áreas de Salud.
d) Cada hospital dispone de su propia caja independiente.

20. Los estados de gastos del Servicio Murciano de Salud se clasifican en:

a) Orgánica, funcional y económica.
b) Orgánica, territorial y administrativa.
c) Funcional, contable y administrativa.
d) Económica, presupuestaria y territorial.

En MADTEST tienes **más preguntas de este tema**, y todos tus avances quedan registrados y se reflejan en el ranking.

¡Supera tus límites con MADTEST!

Solución al test n.º 29

1. d) 5/2014.

2. b) Devengo.

3. c) Divisiones.

4. d) Todas las respuestas anteriores son correctas.

5. a) WEB-SAP.

6. d) SELENE.

7. b) Mensual.

8. c) Una estimación del importe cuando no hayan llegado a final de mes.

9. a) La adquisición de un equipo informático a una cadena de electrodomésticos.

10. a) Quince días desde la fecha de registro.

11. c) 2.500 euros.

12. b) 7/2008.

13. a) 6/2013.

14. b) La coordinación y control de la actuación de la Caja Pagadora.

15. a) Transferencia bancaria.

16. b) Instrucción 5/2014, de 1 de octubre.

17. a) Todos los centros dependientes del Servicio Murciano de Salud.

18. a) Sistema contable único y periodicidad anual.

19. b) Los fondos se integran y custodian en la Tesorería del Servicio Murciano de Salud.

20. a) Orgánica, funcional y económica.

Informática básica: conceptos fundamentales sobre el hardware y el software. Procesador de texto Word: dar formato, configuración de página y márgenes; combinar correspondencia. Hoja de cálculo Excel: conceptos básicos de tabla de Excel y hoja de cálculo; conceptos básicos de fórmula y nombre; informes de tablas dinámicas y de gráficos dinámicos. Correo electrónico: conceptos elementales y funcionamiento

Capítulo 1. Informática básica: conceptos fundamentales sobre el hardware y el software

1. Una de las funciones del Sistema Operativo es:

a) Gestionar el procesador.
b) Gestionar el tiempo que está el usuario usando el PC.
c) Gestionar los contenidos que está utilizando el usuario.
d) Todas las anteriores son correctas.

2. En Windows:

a) No podemos configurar el ratón para adaptarlo, ya que siempre son iguales.
b) Podemos configurar el ratón, siempre y cuando éste sea por cable.
c) Podemos configurar el ratón para adaptarlo mejor al usuario.
d) Ninguna de las anteriores es correcta.

3. Para controlar la presencia en la instalación se pueden usar:

a) Técnicas biométricas.
b) Antivirus.
c) Firewall.
d) Contraseñas.

4. El Kernel del Sistema Operativo:

a) Gestiona el interfaz de usuario.
b) Gestiona los archivos.
c) Gestiona las funciones básicas del sistema.
d) Es una aplicación de gestión.

5. ¿Qué es el hardware?

a) Es un programa que se encarga de monitorizar el estado de los componentes.
b) Es un programa que se encarga de monitorizar el sistema operativo.
c) Es un programa que se encarga de monitorizar la temperatura de los componentes.
d) Todas son falsas.

Capítulo 2. Procesador de texto Word: dar formato, configuración de página y márgenes; combinar correspondencia

1. ¿Cómo se llama el Tipo de Letra usada en un documento?

a) Formato de Fuente.
b) Fuente.
c) Ambas son correctas.
d) Ninguna es correcta.

2. En el grupo Fuente, el botón de subíndice:

a) Alza el texto seleccionado por debajo de la línea de base.
b) Desciende el texto seleccionado sobre la línea de base.
c) Ambas son correctas.
d) Ninguna es correcta.

3. En un proceso de combinar correspondencia de Word 2016:

a) Podemos insertar campos de una base de datos.
b) Podemos filtrar datos de una base de datos.
c) Ambas son correctas.
d) Ninguna es correcta.

4. Si hacemos clic en el color de Fuente Automático:

a) Se aplica el color definido en el Panel de Control de Windows.
b) Aplica color Negro.
c) Ambas son correctas.
d) Ninguna es correcta.

5. Selecciona el tipo de subrayados correcto:

a) Subrayado Onda Grueso.
b) Subrayado Onda Doble.
c) Ambas son correctas.
d) Ninguna es correcta.

Capítulo 3. Hoja de cálculo Excel: conceptos básicos de tabla de Excel y hoja de cálculo; conceptos básicos de fórmula y nombre

1. Si queremos eliminar un comentario que tiene una celda de Excel 2016, ¿a qué ficha tenemos que acceder?

a) Revisar.
b) Comentarios.
c) Datos.
d) Programador.

2. Las constantes de Excel 2016 pueden ser valores:

a) Numéricos y de tipo texto.
b) Horas y fechas.
c) Numéricos, de texto, horas y fechas.
d) Numéricos, de texto, horas y fechas y booleanos.

3. Si en una celda aparecen símbolos de sostenido (#####):

a) Está en notación científica negativa.
b) Es un valor de texto incorrecto.
c) El valor no cabe en la altura de la celda.
d) El valor no cabe en la anchura de la celda.

4. De manera predeterminada, Excel 2016:

a) Muestra 1 hoja de cálculo.
b) Muestra 5 hojas de cálculo.
c) Muestra 10 hojas de cálculo.
d) Es un valor configurable.

5. La opción de ocultar Hoja de Excel 2016 podemos encontrarla en:

a) El botón de lista *Insertar*.
b) El botón de lista *Hoja*.

c) El botón de lista *Formato*.
d) El botón de lista *Eliminar*.

Capítulo 4. Correo electrónico: conceptos elementales y funcionamiento

1. Di cuáles son direcciones de correo válidas:

a) persona@proveedorcom
b) www.proveedor.com
c) persona.proveedor.com
d) cta@cts.es.

2. La parte de la izquierda de una dirección de correo electrónico se denomina:

a) Dominio.
b) Organización.
c) Dominio de organización.
d) Nombre de Usuario.

3. ¿Cuál de los siguientes no es un proveedor de correo?

a) Yahhoo.
b) Hotmail.
c) msn.
d) Gmail.

4. Los clientes de correo POP:

a) Tienen que estar conectados todo el tiempo.
b) Los mensajes se descargan de golpe si están disponibles.
c) Los mensajes se descargan parcialmente aun sin estar disponibles.
d) Tienen que estar conectados a intervalos de 15'.

5. ¿Qué es un Hoax?

a) Un Bulo o Noticia falsa.
b) Suplantación de identidad.
c) Un virus.
d) Un error de configuración en el navegador.

En MADTEST tienes **más preguntas de este tema**, y todos tus avances quedan registrados y se reflejan en el ranking.

¡Supera tus límites con MADTEST!

Solución al test n.º 30

Capítulo 1

1. a) Gestionar el procesador.

2. c) Podemos configurar el ratón para adaptarlo mejor al usuario.

3. a) Técnicas biométricas.

4. c) Gestiona las funciones básicas del sistema.

5. d) Todas son falsas.

Capítulo 2

1. b) Fuente.

2. d) Ninguna es correcta.

3. c) Ambas son correctas.

4. a) Se aplica el color definido en el Panel de Control de Windows.

5. a) Subrayado Onda Grueso.

Capítulo 3

1. a) Revisar.

2. c) Numéricos, de texto, horas y fechas.

3. d) El valor no cabe en la anchura de la celda.

4. d) Es un valor configurable.

5. c) El botón de lista Formato.

Capítulo 4

1. d) cta@cts.es.

2. d) Nombre de Usuario.

3. a) Yahhoo.

4. b) Los mensajes se descargan de golpe si están disponibles.

5. a) Un Bulo o Noticia falsa.

Los documentos administrativos: Concepto, funciones y clases. Estilo administrativo en la redacción de documentos

1. Un documento es:

a) Un instrumento de prueba.
b) Una instrucción o consejo.
c) Un escrito con el que se prueba, acredita o hace constar una cosa.
d) Todas las respuestas anteriores son correctas.

2. La norma ISO 5127/1-1983 (PNE 50-113/1), define documento como:

a) Información registrada que puede considerarse como una unidad en un proceso de documentación.
b) Todo soporte de información que trata de enseñar algo a alguien.
c) Todo elemento de información fijado en soporte material.
d) Toda expresión del pensamiento fijada materialmente y susceptible de ser utilizada para consulta, estudio o prueba.

3. Señala la opción incorrecta. Es un elemento esencial del documento:

a) El objeto físico que sirve de soporte de la información.
b) El mensaje que se comunica.
c) El receptor del mensaje.
d) El sistema de información al que pertenece.

4. Las características de un documento de archivo, que servirán para identificarlo y diferenciarlo de otras modalidades documentales, son:

a) Objetividad, seriación y sistematización.
b) Seriación, unicidad y objetividad.
c) Sistematización, unicidad y seriación.
d) Unicidad, subjetividad y seriación.

5. El carácter externo denominado clase:

a) Está definido como el procedimiento mediante el cual se transmite lo contenido en el documento.
b) Se refiere a las series documentales.
c) Se refiere a la forma material en que se presenta el documento.
d) Alude a la configuración física del documento.

6. Los documentos que transmiten la información mediante la escritura son de clase:

a) Gráfica.
b) Audiovisual.
c) Textual.
d) Legibles por máquina.

7. Forma parte de la estructura interior del documento y de la forma como se organiza su contenido:

a) El tipo.
b) El origen funcional.
c) El soporte.
d) El formato.

8. El valor secundario de un documento se refiere a:

a) El origen del documento.
b) La misión del documento.
c) El valor legal del documento.
d) La capacidad de información del documento.

9. Las tres fases o edades que se distinguen en un documento de archivo son:

a) Elaboración, utilización y archivo.
b) Administrativa, intermedia e histórica.
c) Primaria, secundaria y terciaria.
d) Oficina, gestión e histórica.

10. La edad en la que el valor primario del documento ha disminuido, pero sin desaparecer, se denomina:

a) Intermedia.
b) Secundaria.
c) Utilización.
d) Gestión.

11. Aquellos documentos administrativos que comunican la existencia de hechos o actos a otras personas, órganos o entidades, son:

a) Documentos de decisión.
b) Documentos de juicio.
c) Documentos de transmisión.
d) Documentos de constancia.

12. ¿Qué tipo de documento administrativo es un certificado?

a) Un documento de transmisión.
b) Un documento de decisión.
c) Un documento de juicio.
d) Un documento de constancia.

13. ¿Qué tipo de documento administrativo son los informes?

a) Documento de juicio.
b) Documento de transmisión.
c) Documento de decisión.
d) Documento de constancia.

14. Los informes que vengan impuestos por disposiciones legales son:

a) Vinculantes.
b) Preceptivos.
c) No vinculantes.
d) Facultativos.

15. Salvo disposición expresa en contrario, los informes son:

a) Preceptivos y vinculantes.
b) Facultativos y vinculantes.
c) Preceptivos y no vinculantes.
d) Facultativos y no vinculantes.

16. Es un conjunto organizado y homogéneo de documentos producidos o recibidos a lo largo del tiempo por una oficina en el desarrollo de una función concreta:

a) Un fondo documental.
b) Un expediente.
c) Un archivo.
d) Una serie.

17. Señala la proposición falsa:

a) En los procedimientos tramitados a solicitud del interesado, la resolución será congruente con las peticiones formuladas por este, sin que en ningún caso pueda agravar su situación inicial y sin perjuicio de la potestad de la Administración de incoar de oficio un nuevo procedimiento, si procede.

b) La «diligencia» es un documento de constancia interna para reflejar una actuación administrativa o de un interesado en un procedimiento.

c) Mediante la «solicitud» el interesado o ciudadano se dirige a la Administración, instando de la misma una actuación concreta en el tema de que se trate.

d) La resolución que ponga fin al procedimiento podrá o no decidir todas las cuestiones planteadas por los interesados y aquellas otras derivadas del mismo.

18. No es un elemento necesario en la formulación de las solicitudes:

a) Lugar y fecha.

b) Órgano, centro o unidad administrativa desde donde se envía la solicitud.

c) Nombre y apellidos del interesado y, en su caso, de la persona que lo representa.

d) Firma del solicitante o acreditación de la autenticidad de su voluntad expresada por cualquier medio.

19. El documento administrativo que recoge las decisiones adoptadas por los órganos competentes sobre la iniciación y las cuestiones que se suscitan en la tramitación de un procedimiento con carácter previo a la resolución del mismo, se denomina:

a) Expediente.

b) Acuerdo.

c) Dictamen.

d) Informe.

20. El anuncio señalará el lugar de exhibición y determinará el plazo para formular alegaciones que, en ningún caso, podrá ser inferior a:

a) Veinte días.

b) Diez días.

c) Treinta días.

d) Quince días.

En MADTEST tienes **más preguntas de este tema**, y todos tus avances quedan registrados y se reflejan en el ranking.

¡Supera tus límites con MADTEST!

Solución al test n.º 31

1. d) Todas las respuestas anteriores son correctas.

2. a) Información registrada que puede considerarse como una unidad en un proceso de documentación.

3. c) El receptor del mensaje.

4. b) Seriación, unicidad y objetividad.

5. a) Está definido como el procedimiento mediante el cual se transmite lo contenido en el documento.

6. c) Textual.

7. b) El origen funcional.

8. d) La capacidad de información del documento.

9. b) Administrativa, intermedia e histórica.

10. a) Intermedia.

11. c) Documentos de transmisión.

12. d) Un documento de constancia.

13. a) Documento de juicio.

14. b) Preceptivos.

15. d) Facultativos y no vinculantes.

16. d) Una serie.

17. d) La resolución que ponga fin al procedimiento podrá o no decidir todas las cuestiones planteadas por los interesados y aquellas otras derivadas del mismo.

18. b) Órgano, centro o unidad administrativa desde donde se envía la solicitud.

19. b) Acuerdo.

20. a) Veinte días.

Servicios de admisión y documentación clínica. El Servicio de Atención al Paciente: organización y funciones. Gestión de quejas y sugerencias

1. ¿Dónde está directamente adscrito el Servicio de Admisión de un Hospital?

a) A la Dirección Gerencia o Médica.
b) A la División de Farmacia.
c) A la Dirección de Enfermería.
d) A la División de Personal Subalterno y Mantenimiento.

2. ¿Qué ingresos de estos consideras no programado en Salud Mental?

a) Ingreso Voluntario Ordinario.
b) Ingreso Voluntario Urgente.
c) Ingreso Involuntario Ordinario.
d) Ninguno de los anteriores.

3. Dentro de la Unidad de Admisión, la Admisión de consultas externas, se realizará en régimen:

a) Extraordinario.
b) De Hospitalización.
c) De asistencia de Urgencias.
d) Ambulatorio.

4. La Unidad de Admisión dentro del Hospital no es responsable de:

a) La atención y la orientación al usuario durante su estancia en el centro sanitario.
b) La recepción y citación de los pacientes para Consultas Externas.
c) La recepción y registro de las urgencias.
d) La recepción, formalización del ingreso y asignación de cama a los pacientes que van a ser hospitalizados.

5. ¿De quién depende directamente el Servicio de admisión de un hospital, si en los mismos no existe Gerencia?

a) De la División de gestión y mantenimiento.
b) De la División médica.
c) De la División de enfermería.
d) De la División farmacéutica.

6. La asignación de camas en particular y todo ingreso o consulta en el hospital en general, se realizará siempre a través:

a) Del Servicio de Enfermería.
b) Del Servicio de Celadores.
c) Del Servicio de Admisión.
d) Del Servicio de Gestión de recursos humanos.

7. ¿Dónde se ubicará al paciente en admisión a nivel organizativo, si este requiere habitación con cama, y en ese momento no hay disponibilidad de las mismas en una situación ordinaria (no urgente)?

a) En la sala de espera.
b) En consultas externas.
c) En observación.
d) En lista de espera.

8. ¿Qué bienes de los pacientes/usuarios se custodian en la práctica generalmente?

a) Todos aquellos de los pacientes ingresados en la UCI.
b) Todos aquellos de los pacientes ingresados por Urgencias.
c) Todos aquellos de los pacientes ingresados en consultas externas.
d) Todos aquellos de los pacientes ingresados en habitaciones dentro de los servicios de un hospital.

9. ¿A quién debe comunicar el Servicio de Medicina Interna el Alta de un paciente para que esta se produzca de manera formal?

a) A la Gerencia del Hospital.
b) A la Unidad de Admisión.
c) A la Unidad de Altas.
d) A la Unidad de Mantenimientos y Movimientos de Pacientes en el Hospital.

10. ¿Qué Servicio es el responsable de conocer la exacta localización de un paciente dentro del hospital?

a) El Servicio de Atención al paciente.
b) El Servicio de Radiología.
c) El Servicio de Admisión.
d) El Servicio de Gestión de celadores.

11. ¿Con qué fin, la unidad de admisión dispondrá de un dispositivo orgánico en la puerta de urgencias del hospital?

a) Con el fin de evitar recibir a los usuarios/pacientes.
b) Con el fin de no registrar las entradas y las salidas del hospital.
c) Con el fin de distribuir a los usuarios/pacientes a la consulta o servicio que corresponda.
d) Con el fin de atender al enfermo en sus necesidades.

12. ¿Cómo puede actuar la Admisión de urgencias en un hospital?

a) Como oficina delegada durante el día.
b) Como unidad central de Admisión en días o circunstancias especiales (festivos, noches, etc.).
c) Como oficina delegada durante el día y como unidad central de Admisión en días o circunstancias especiales (festivos, noches, etc.).
d) Como oficina propiamente de Admisión o como oficina de Atención y Orientación al usuario/paciente.

13. En la Recepción y Registro de los pacientes se recogerán los siguientes datos, excepto:

a) Números de DNI y de Documento de Seguridad Social.
b) Sexo y fecha de nacimiento.
c) Profesión del Enfermo.
d) Persona que lo remite a urgencias: Médico de cabecera, Especialista, Autoridad, propia iniciativa.

14. ¿Qué función de estas no desempeña la Unidad de Admisión de urgencias en la recepción y registro de los pacientes?

a) Datos de filiación del paciente (nombre y apellidos, edad, sexo, domicilio…).
b) Persona que lo remite a urgencias: médico de familia, especialista, autoridad, o por propia iniciativa.
c) Motivo de la urgencia.
d) Fecha del alta y causa de la misma: curación, alta voluntaria, traslado a otro centro, defunción u otras causas.

15. ¿Qué tipo de asistencia se lleva a cabo en las consultas externas del Hospital reciban o no después el régimen de hospitalización?

a) Asistencia Primaria.
b) Asistencia Especializada.
c) Asistencia Ambulatoria.
d) Asistencia Derivada.

16. ¿Por qué Plan se regirá la Admisión de Consultas en un Hospital?

a) Se regirá por el Plan de Organización de las Consultas Externas.
b) Se regirá por el Plan de Organización de las Consultas Internas.
c) Se regirá por el Plan de Organización de las Consultas de Urgencias.
d) Se regirá por el Plan de Organización de las Consultas Externas, Internas y de Urgencias.

17. La Admisión hospitalaria de los pacientes será:

a) No centralizada.
b) Centralizada.
c) No prioritaria.
d) Específica, según especialidad.

18. ¿De quién depende y está adscrito por normativa el Servicio de Atención al Paciente (SAP) a nivel hospitalario?

a) De la División Médica.
b) De la Gerencia.
c) De la División de Enfermería.
d) Del Servicio Provincial de Salud.

19. ¿Qué Servicio dentro de un Hospital es el responsable de informar al paciente, así como de atender y garantizar la tramitación de las reclamaciones que se puedan producir durante su permanencia en el mismo?

a) Servicio de Admisión.
b) Servicio de Atención al Paciente.
c) Servicio de Personal Subalterno.
d) Servicio de Seguridad del Hospital.

20. ¿De quién depende y a qué está adscrito el Servicio de Atención al Paciente (SAP) o Servicio de Información al Usuario (SIU) si no existe Gerencia?

a) Depende y está adscrito exclusivamente a la División de Enfermería.
b) Depende y está adscrito exclusivamente a la División de Docencia e Investigación.
c) Depende y está adscrito exclusivamente a la División Médica.
d) Depende y está adscrito al Servicio de Recursos Humanos, y si no existe este, queda adscrito a la División Médica.

En MADTEST tienes **más preguntas de este tema**, y todos tus avances quedan registrados y se reflejan en el ranking.

¡Supera tus límites con MADTEST!

Solución al test n.º 32

1. a) A la Dirección Gerencia o Médica.

2. b) Ingreso Voluntario Urgente.

3. d) Ambulatorio.

4. a) La atención y la orientación al usuario durante su estancia en el centro sanitario.

5. b) De la División médica.

6. c) Del Servicio de Admisión.

7. d) En lista de espera.

8. b) Todos aquellos de los pacientes ingresados por Urgencias.

9. b) A la Unidad de Admisión.

10. c) El Servicio de Admisión.

11. c) Con el fin de distribuir a los usuarios/pacientes a la consulta o servicio que corresponda.

12. c) Como oficina delegada durante el día y como unidad central de Admisión en días o circunstancias especiales (festivos, noches, etc.).

13. c) Profesión del Enfermo.

14. d) Fecha del alta y causa de la misma: curación, alta voluntaria, traslado a otro centro, defunción u otras causas.

15. c) Asistencia Ambulatoria.

16. a) Se regirá por el Plan de Organización de las Consultas Externas.

17. b) Centralizada.

18. b) De la Gerencia.

19. b) Servicio de Atención al Paciente.

20. c) Depende y está adscrito exclusivamente a la División Médica.

Gestión de almacenes y de existencias. Criterios de valoración. Cálculo de stocks. Identificación de productos y control de consumos. Determinación de las unidades de costo sanitario. Procedimientos. Estándares

1. ¿Cómo se define un artículo excedente?

a) Artículos de consumo esporádico almacenables con stock sujetos a criterios de seguridad y no actualizables por la evolución de la demanda.

b) Artículos almacenados obsoletos o fuera de uso, son artículos a eliminar.

c) Artículos cuyo valor de stock es a cuenta del proveedor, se gestionan como los artículos de seguridad.

d) Artículos de consumo regular almacenables con stock de tendencia a la baja.

2. ¿En qué consiste la previsión de aprovisionamiento?

a) Adecuación de los medios con que es posible contar a los servicios que han de prestar las Instituciones.

b) Cálculo del gasto en material del año anterior.

c) En prever las necesidades de materiales de todo tipo que tenga la institución sanitaria.

d) Todas las respuestas son correctas.

3. ¿Qué datos se recogerán a la recepción de una mercancía?

a) Número de pedido.

b) Cantidad de bultos y número de unidades por bulto.

c) Nombre del transportista.

d) Todas las respuestas son correctas.

4. ¿Cuáles de los siguientes son movimientos internos de mercancía?

a) Entrada.

b) Reaprovisionamiento.

c) Colocación.

d) Son correctas las respuestas b) y c).

5. ¿Cuál es la primera fase en el recuento de existencias?

a) Verificación de las cantidades que se han contabilizado.
b) Relación exacta de todos los artículos del inventario y de sus cantidades.
c) Recuento de todas las unidades de cada artículo que haya en el almacén y el consiguiente registro o anotación de esas cantidades.
d) Corrección de las cantidades que figuren en el sistema de información que existiera antes de la elaboración de este recuento.

6. ¿Qué se debe comprobar durante una inspección de inventarios?

a) El correcto almacenaje y apilamiento de los productos.
b) Altura máxima de apilamiento, forma de apilamiento, si hay mercancías pesadas sobre ligeras.
c) Condiciones ambientales.
d) Todas las respuestas son correctas.

7. ¿Para qué sirven las fichas de almacén?

a) Conocimiento en cada momento de los movimientos de existencias.
b) Señalan los stocks de existencias.
c) Ayudan a la realización de los inventarios.
d) Todas las respuestas son correctas.

8. Cuando hay una entrada de material procedente del interior de la empresa, ¿qué documento se rellenará?

a) Vale de entrega.
b) Recibo de entrada.
c) Albarán.
d) Factura.

9. ¿Cómo se denomina en castellano el método FIFO?

a) LIFO.
b) UEPS.
c) PEPS.
d) PMP.

10. ¿Qué método de valoración de inventario consiste en valorar las salidas conforme a la media aritmética de los diferentes precios de coste de los artículos adquiridos, estableciéndose una valoración homogénea de las salidas?

a) FIFO
b) LIFO

c) PMP
d) PEPS

11. La cantidad de producto almacenado que permite hacer frente a la demanda normal, sin imprevistos, ¿cómo se denomina?

a) Stock mínimo.
b) Stock de seguridad.
c) Stock máximo.
d) Stock teórico.

12. ¿Cuál es el stock teórico?

a) La cantidad de material que se debe tener almacenada en todo momento para evitar que un aumento puntual de las necesidades por incremento de la demanda.
b) El recuento físico de la mercancía existente en el almacén.
c) El recuento por registro continuo de entradas y salidas de material permiten llevar un control o inventario permanente.
d) Ninguna respuesta es correcta.

13. ¿Cómo se denominan los materiales que se emplean en el proceso de fabricación pero no forman parte del artículo final?

a) Materias primas.
b) Suministros industriales.
c) Productos acabados.
d) Componentes.

14. El pegamento que se emplea en la fabricación de muebles, ¿es un material directo o indirecto?

a) Directo.
b) Indirecto.
c) Depende del coste.
d) Depende del tamaño del mueble.

15. ¿Qué ventaja tiene tener una alta rotación en el almacén?

a) Menor probabilidad de sufrir rotura de stock.
b) Menores costes de emisión de pedidos, manipulación, etc.
c) Es más difícil que las existencias se queden obsoletas.
d) Todas estas son ventajas.

16. ¿En qué consiste un sistema de identificación de productos?

a) En identificar y definir especificaciones técnicas que consigan representar de forma genérica cada uno de los productos que se consumen en los Centros sanitarios.
b) En poner las etiquetas con las indicaciones del producto y su uso.

c) En controlar el almacenamiento de los productos.
d) Ninguna respuesta es correcta.

17. ¿Para qué se codifica?

a) Para ordenar productos.
b) Para identificar productos.
c) Para saber de quién son los productos.
d) Para poner pegatinas.

18. Cuando se asigna una serie de códigos de forma correlativa o al azar sin que los mismos den información sobre el artículo, ¿qué tipo de codificación es?

a) Significativo.
b) No significativa.
c) Numérica.
d) Alfabética.

19. ¿Qué forma un código alfanumérico?

a) Cifras.
b) Letras.
c) Números.
d) Cifras y letras.

20. ¿En qué consiste el código de barras?

a) Está compuesto por un símbolo formado por manchas blancas y negras, que contiene información codificada.
b) Está compuesto por un símbolo formado por barras y espacios, que contiene información codificada.
c) Está formada por un conjunto de números y letras con significado concreto.
d) Ninguna respuesta es correcta.

En MADTEST tienes **más preguntas de este tema**, y todos tus avances quedan registrados y se reflejan en el ranking.

¡Supera tus límites con MADTEST!

Solución al test n.º 33

1. b) Artículos almacenados obsoletos o fuera de uso, son artículos a eliminar.

2. c) En prever las necesidades de materiales de todo tipo que tenga la institución sanitaria.

3. d) Todas las respuestas son correctas.

4. d) Son correctas las respuestas b) y c).

5. c) Recuento de todas las unidades de cada artículo que haya en el almacén y el consiguiente registro o anotación de esas cantidades.

6. d) Todas las respuestas son correctas.

7. d) Todas las respuestas son correctas.

8. a) Vale de entrega.

9. c) PEPS.

10. c) PMP.

11. a) Stock mínimo.

12. c) El recuento por registro continuo de entradas y salidas de material permiten llevar un control o inventario permanente.

13. b) Suministros industriales.

14. b) Indirecto.

15. c) Es más difícil que las existencias se queden obsoletas.

16. a) En identificar y definir especificaciones técnicas que consigan representar de forma genérica cada uno de los productos que se consumen en los Centros sanitarios.

17. b) Para identificar productos.

18. b) No significativa.

19. d) Cifras y letras.

20. b) Está compuesto por un símbolo formado por barras y espacios, que contiene información codificada.

Cómo acceder al Curso

Administrativo/a
Test del temario

El uso de los códigos **es exclusivo de los compradores de los productos de Editorial MAD**. Cada producto posee un código único y de un solo uso. Es personal e intransferible y da acceso a servicios y contenidos adicionales. Editorial MAD se reserva el derecho de hacer cuantas comprobaciones sean necesarias para identificar al legítimo poseedor del código y dejar de dar servicio a quien haga uso fraudulento del mismo, además de emprender cuantas acciones legales estime oportunas según la legislación vigente.

Deberás acceder a:

mad.es/registro-campus

Si una vez aceptadas las condiciones de uso del Campus decides hacer uso del mismo, necesitarás del siguiente código de acceso junto con los códigos del resto de títulos que se exigen (si fuera el caso):

Q1VSZ9M73G